HEYNE BÜCHER

HEYNE KOCHBÜCHER

THADDÄUS TROLL

Kochen wie die Schwaben

Original schwäbische Hausrezepte

WILHELM HEYNE VERLAG
MÜNCHEN

HEYNE KOCHBUCH
07/4464

Genehmigte Taschenbuchausgabe
Printed in Germany 1987
Umschlagfoto und Innenfotos: Ulla Mayer
Umschlaggestaltung: Atelier Ingrid Schütz, München
Satz: Schaber, Wels
Druck und Bindung: Ebner Ulm

ISBN 3-453-40448-3

Inhalt

Wie dieses Buch entstanden ist

Kein Vorwort von Thaddäus Troll

In dem Stück »Der Entaklemmer«, wie die schwäbische Übertragung des »Geizigen« von Molière heißt, ist viel vom Essen die Rede. Der Titelheld Karl Knaup, ein p'häber schwäbischer Fabrikant aus der Gründerzeit will von seiner Köchin Rickele einen Menüvorschlag für ein Abendessen, zu dem er, so weh es ihm tut, ein paar Gäste einladen muß. Das Rickele schlägt vor: eine kräftige Fleischbrühe mit Leberspätzle, dann Bubespitzle mit grünem Salat, als Hauptgang einen schönen Kalbsbraten mit einem Rahmsößle, dazu Kartoffelsalat und Spätzle, schließlich zum Nachtisch frische Brestlinge mit Schlagrahm.

Knaup ist über diese Aushäusigkeit entsetzt. Damit kriege man ja ganz Stuttgart und Feuerbach dazu satt. Er macht einen sparsamen Gegenvorschlag: aus dem albachenen Brot könne man eine Brotsuppe machen. Vom Siebziger Krieg her seien noch Graupen da, und von der Freibank könne man noch ein paar schöne Fleischknochen holen. Darauf bemerkt das Rickele sarkastisch: »Ja, ond na klepper e no a ganz halbs Ei nei.«
Nun, ein Diebstahl läßt das Nachtessen ins Wasser fallen, aber es kommt doch noch zu einem Happy-End, und Karl Knaup verlangt zum Schluß von seinem Gegenschwieger genau das Menü, das das Rickele vorgeschlagen hat.
Diese Szene steht nicht nur in enger Verbindung zu diesem Buch, sie soll auch beweisen, daß es im Schwäbischen Ausdrücke gibt, die in unseren Rezepten aufgetaucht sind, obwohl sie schon ganz aus dem Sprachgebrauch und fast aus dem Verständnis der jüngeren Generation verschwunden sind. Daß das aus dem Mittelhochdeutschen stammende Wort *p'häb* mehr als sparsam und fast so viel wie geizig bedeutet, dürfte noch bekannt sein. *Bubespitzle* heißen so nach ihrem Aussehen; in Kochbüchern nennen sie sich Schupfnudeln. Das Wort *Brestling,* wahrscheinlich vom lateinischen *praestare* = vorangehen abgeleitet, also das Obst, das als erstes im Frühling auf den Tisch kommt, ist von den Erdbeeren abgelöst worden, worunter man früher bei uns lediglich Walderdbeeren verstand. *Aushäusigkeit* bedeutet Verschwendung, denn der sparsame Schwabe konsumiert daheim und tut außer Hause nur das, was nichts kostet. *Albache* = altgebacken dürfte klar sein, es wird auf Menschen angewendet, die gestrige Ansichten haben. Auf der *Freibank* konnte man früher billiges Fleisch kaufen, das von der Gesundheitsbehörde nicht für den Verkauf in Metzgereien freigegeben worden war. *Neikleppere* gibt ein Geräusch wieder: Rickeles ganzes halbes Ei wird mit einem Schneebesen in das Gericht hineingeschlagen. *Gegenschwieger* heißt der Vater des angeheirateten Partners des Sohnes oder der Tochter — wie präzis das auf schwäbisch

heißt, wie umständlich man es auf schriftdeutsch ausdrükken muß.
Schließlich noch die nahen Beziehungen dieses Buchs zum »Entaklemmer«. Thaddäus Troll, der dieses Stück geschrieben hat, behauptet von sich, er sei nur Schriftsteller geworden, weil es ihm zum Koch nicht gereicht habe. Deshalb hat er auch die Patenschaft über dieses Buch übernommen.
Und Erika Wackernagel, die die Rezepte redaktionell überarbeitet hat, spielt im »Entaklemmer«, der inzwischen im Stuttgarter Staatstheater uraufgeführt worden ist, die Köchin Rickele. Beide sind alte KNITZ-Leser. Sie schätzen den Kollegen, weil er den Leuten aufs Maul schaut, ohne ihnen nach dem Maul zu reden. Als schwäbischer Spurensucher hat er die Einleitung und die Zwischentexte geschrieben und bildet also das, was die Spätzle für die schwäbische Küche sind, nämlich Fundament und Säule dieses landsmannschaftlichen Kochbuches.
Weshalb es zustande kam? Nichts gegen Paprika und Knoblauch, gegen Marillenknödel und Mohnklöße, die unsere vertriebenen Landsleute aus Ungarn, Schlesien, Ostpreußen und Böhmen mit ins Ländle gebracht haben. Nichts gegen die Gastarbeiter, die italienische, griechische, jugoslawische und spanische Kneipen nach sich zogen. Sie alle haben unseren Speisezettel bereichert. Aber alles gegen die, die unsere heimischen Wirtschäftle mit Bast und Binsen und Tomatenketchup und Pommes frites und mit *Hendl* genannten Hormonvögeln versaut haben. Alles gegen die Medaillons, ungarischen Hirtenspieß, Zigeunerrostbraten in der schwäbischen Küche, gegen die unter dem unseligen Wort *Hawaii* getrauten Mesalliancen aus Fleisch und Ananas und Kirschen und Mandarinenschnitzen. Die Vermischung mit landesfremden Zutaten hat vielfach den Geschmack verfälscht und aus mancher Küche, wie die Süßreserve aus dem Wein, eine uniformierte Allerweltsabspeiserei gemacht.
Nun haben sich auch die Schwaben wieder auf die Eigenart ihrer Sprache, auf ihren Dialekt und auf die Originalität ih-

rer Küche besonnen. Man läßt das Fremde gelten, man gewährt ihm Gastrecht auch in der Küche. Aber nicht nur der Eingeborene, auch der Gast legt Wert auf schwäbische Spezialitäten. Wie das schwäbische Vesper mit Kräuterkäs und Schwartenmagen wieder gefragt ist, so konkurriert im feinsten Lokal die internationale Küche mit der einheimischen. Maultaschen, Gaisburger Marsch, Linsen mit Spätzle, saure Kutteln und Metzelsuppe können sich nicht nur sehen und schmecken lassen, sie sind auch wieder allseits begehrt.
Um alte schwäbische Familienrezepte nicht in Vergessenheit geraten zu lassen, haben die »Stuttgarter Nachrichten« und ihre württembergischen Partnerzeitungen mit den an diesem Buch Beteiligten ein Preisausschreiben veranstaltet. Und es regnete und regnete. Nicht nur Rezepte in Sütterlinschrift aus Großmutters und Tantes Erfahrungen, auch alte Kochbücher, handgeschriebene Hefte aus der Frauenarbeitsschule waren darunter. Allein 4000 Einzelrezepte wurden eingereicht, und die Jury hatte alle Hände voll zu tun, um aus dem vielen Weizen die Spreu auszulesen, um sich auf das Wesentliche und Beste zu konzentrieren. Wir hoffen, es ist uns mit dieser Auswahl von Rezepten gelungen, einen guten Überblick über die schwäbische Küche zu geben.
In unserem Ländle ist man sparsam mit Lob. *Net schlecht* ist mehr als gut. *Des ka mer lassa* bedeutet hohe Anerkennung. *Des isch besser wie a Gosch voll Glufa* (wobei Glufen Stecknadeln bedeuten) ist ein originelles schwäbisches Kompliment für ein rundum gelungenes Gericht. Wir hoffen, daß diejenigen, die mit Hilfe dieses Buches kochen, solche und ähnliche Komplimente einstecken dürfen.
Also lasset's Euch schmecke, denn Esse ond Trenke hält Leib ond Säl zamme. Und das ist für Schwaben und Nichtschwaben ein medizinisch und philosophisch erstrebenswerter Zustand.

Betrachtung über die Schwaben und deren Küche

Man muß sich als Schwabe zunächst dafür entschuldigen, daß es über die schwäbische Küche vergleichsweise wenig Anekdoten und Witze gibt, höchstens Neckereien der Schwaben untereinander, daß sich aber statt dessen Dichterverse und Dichterzitate finden lassen wie Sand am Meer. Goethe, Schiller, Hölderlin, Uhland, Mörike, Lenau, wer auch immer, ob selber Schwabe oder nicht, jeder hinterließ sein huldigendes Versle oder schrieb ellenlange Reime über Essen und Trinken. Auch von Hegel gibt es sicherlich ein Metzelsuppenlied, mr hent's bloß no net g'fonde.

Ebenso davor und danach: es gibt keinen schwäbischen Poeten von Rang, bis zurück ins Mittelalter, und bis heute nicht, der nicht regelmäßig über Essen und Trinken geschwärmt hätte, oder noch immer schwärmt, selbst wenn er so anerkannt ist, daß seine Schmierzettel schon zu seinen Lebzeiten im Deutschen Literaturarchiv in Marbach gesammelt werden. Und auch den 4000 Rezepten, die für dieses Büchlein eingingen, lagen mehr als 300 Gedichte bei. Spätzle mache, Versle bache.

Oder der Schwabe, wenn er nicht dichtet: Ein Stuttgarter Bäcker- und Konditormeister, 40 Jahre alt, den Betrieb von seinem Vater übernommen, für seine Brotsorten mehrfach mit Goldmedaillen ausgezeichnet, fährt jedes Jahr nach Saas Fee in die Schweiz zum Schilaufen. In Saas Fee fällt ihm ein Bäcker auf, der bessere Brötchen backt als er in Stuttgart. Der Bäckermeister aus Stuttgart unterhält sich mit dem Bäckermeister in Saas Fee und nimmt, mit Erlaubnis des Bäckermeisters in Saas Fee, ein paar Brötchen mit nach Stuttgart, die er dort zerrupft und analysiert. Vielleicht ist es ein anderes Mehl, oder das andere Wasser, die andere Luft, die andere Sonne, oder die Höhe, oder auch bloß das Urlaubsempfinden des Stuttgarter Bäckermeisters.

Er läßt nicht locker. Er will es genau wissen. Er macht weiterhin Schiurlaub in Saas Fee. Nach zwei Jahren kriegt er heraus: es liegt an einer ganz bestimmten Behandlung des Mehls und an einer ganz bestimmten Art zu backen.

Und erst jetzt erzählt der schwäbische Bäckermeister so nebenbei seinen Freunden, daß er seit zwei Jahren etwas gesucht habe und wonach er gesucht hat. Inzwischen gibt es die Brötchen auch in Stuttgart.

Die besten Bäcker, Metzger, Köche und Wengerter, alte wie junge, sind nie zufrieden, sie lernen drinnen, sie lernen draußen. Selber suchen, selber finden. Es ist der Schwabe als Ingenieur, auch was seine Küche anbetrifft. Und er verbessert vieles schon auf dem Acker.

Ob es die Römer waren, die Klosterbrüder, die Österreicher, die Schweden, die Franzosen: jeder, der sich hier nie-

derließ oder durchzog, machte auch mal Pause und kochte. Man schleppte ihm Holz herbei; die Schwaben waren so neugierig wie die Griechen, die ließen sich auch erobern, wenn es nicht anders ging, und wenn der Feind wieder abzog, probierten sie seine Rezepte durch. Oder der Feind blieb da und ließ sich von der schwäbischen Küche aufsaugen.
Der Schwabe ist gutmütig, fleißig, undressierbar, mal grob, mal zärtlich, sparsam, grüblerisch, schleckig und leicht verletzbar. Mit anderen Worten, die Schwäbin kocht sowieso für einen Künstler und dessen Kinder — da lernt man nie aus. Hier wären noch andere Eigenschaften aufzuzählen, sie folgen weiter hinten, denn spätestens hier muß man die schwäbische Großmutter noch mit hereinnehmen. Die schwäbische Küche ist eine nostalgische Küche. Und Großmutter dichtete auch: »Nicht Poesie, nicht Sentiment, verlangt das Küchenregiment ...«
Auch wenn Großmutter in jungen Jahren nur mittelmäßig kochen konnte: jede Küche, nicht bloß die schwäbische, hat ihre Leibspeisen, ihre Lieblingsspeisen; was man häufig, also auch gern ißt, ist meistens sorgfältig und schmackhaft zubereitet. Oft ist der einzige Erfolgstrick die Übung. Großmutter konnte kochen wie ein Engel. Sie hatte nie viel Geld, aber sie kochte das beste Sauerkraut, das schmeckte schon vor 50 Jahren, wie es heute höchstens noch im Bierzelt schmeckt, wenn der Koch 800 Schweinshaxen mit hineingibt.
Großmutters Kräuterkäs enthielt schon vor 50 Jahren die berühmten drei Eßlöffel Most, die heutige Köche am Kräuterkäs so aufregend finden. Großmutter wußte: Backsteinkäs mit etwas Rotwein verdrücken und mit gleich viel Butter verrühren. Dazu feingehackte Zwiebeln und Schnittlauch. Mit frischen, großen Laugenbrezeln essen. Einen Schluck Wein aus dem Sutterkrug. Mit bäppigen Fingern auf dem Wengertermäuserle. Oder Rettich, Gurken, Zwiebeln, mit Schnittlauch, Essig und Öl, dazu frische Butter auf dicken Brotranken.
Und immer roch die Großmutter unvergeßlich nach Back-

pulver, wenn sie uns Buben an ihr stattliches Herz drückte, auch wenn sie vorher Kutteln schnitt. Sie roch überhaupt immer nach Essen.
Großmutters Bühne, unter dem Dach, war ein Schlaraffenland. In Hurden trockneten Schnitz, Zwetschgen, Nussen, Bohnenkern und Zwiebelsamen. An Schnüren aufgehängt waren Bohnenkraut, Peterling, Schalotten und Knoblauch. In der Ecke stand der Essigkrug, daneben standen die Kolben mit dem angesetzten Schwarze-Träubles-Likör. Auf Stroh ausgelegt waren noch ein paar Trollingertrauben vom Lesen. Großmutter hatte überall ihre Maugenestle, ihre Verstecke. Sie kannte noch den Rindfleischtee als Krankenkost und die gewagte Maikäfersuppe für Rekonvaleszenten aus dem Kochbuch von 1887: »man fängt die Maikäfer, von denen man 30 Stück auf eine Portion nehmen kann, zerstößt sie im Mörser, der Krebssuppe ähnlich, nur kräftiger«. Großmutter kannte noch den Knecht, der seine Suppe nicht mochte: »Supp mag i et so arg, höchstens sechs oder acht Teller, aber Salat.« Und Großmutter machte Salat: Ackersalat, Häuptlessalat, Kressichsalat, Lattichsalat, Endiviensalat, Gurkensalat, Tomatensalat, Sellrichsalat, Salat aus roten Rüben.
Großmutters Torten hatten noch 18 Eier. Wenn Krieg war, machte sie eine Kaisertorte aus Militärbrot. Die Ur-Ur-Großmutter wanderte 1834 von Strümpfelbach nach Bessarabien aus, und die Großmutter später nach Johannesburg: »45 Jahre Africa, noch eine gute Schwäbin, koche noch alles wie in Cannstatt.«
Großmutter machte die Dampfnudeln noch im Gansbräter. Sie kaufte ihren Stockfisch noch im Seifengeschäft: »er stand gewässert in großen Fässern auf der Straße«. Großmutter pflegte zu sagen: »Hebet euren Honger nett uff, wenn ihr alt send, goht er von selber druff.« Großmutters Hausmittel bei Schnupfen und Fieber: »ein Glas heißen Most, ins Bett und schwitzen«.
Großmutter kannte noch das Holderschmalz: »wenn im Frühjahr die Bäume und Sträucher blühten, schnitt Groß-

mutter die Holderdolden ab. Dazu ließ sie Schweineschmalz von Flumen aus. Dahinein kam der Holder.«
Großmutter wußte noch: »Nachtessen war Brotsuppe oder Riebelessuppe. Riebelessuppe, tralala, s' Weib ist Meister, it der Ma'.« Zu saurer oder süßer Milch wurden Kartoffeln aufgetischt. Jeder Teilnehmer schälte ihrer eine stattliche Menge mit dem Löffelstiel, legte sie auf das weiße Tischtuch vor sich, dazu ein Häufchen Salz, wischte den Löffel ans Tischtuch und begann nicht eher mit dem Essen, als bis die ganze Schüssel voll Kartoffeln geschält war. Die Milch dazu wurde aus der gemeinsamen, inmitten des Tisches stehenden Schüssel gelöffelt. Großmutter war wunderbar.
Den Schwaben wird nachgesagt, daß sie bis zur Reformation einer der sinnenfreudigsten Stämme gewesen seien. Dann muß etwas Schlimmes passiert sein. Und es ist leicht möglich, daß sie in seelisch strengeren Zeiten ihre Sinnlichkeit aufs Essen verlegt haben.
Es gibt im Grunde nicht so viele schwäbische Spezialitäten, wie man glaubt, aber es gibt den Gütestempel der Großmutter: »Geprüft ist das Rezept auf seine Richtigkeit und reicht gewöhnlich aus auf Lebenszeit.«
Apfelküchle ißt man gern, aus feingeschnittenen Apfelrädle, Mehlteig, etwas Kirschwasser, etwas Weißwein oder Bier, in heißem Fett gebacken. Überhaupt alles gern, was in Fett gebacken (Küchle). Dampfnudeln ißt man gern, das sind süße oder gesalzene Kugeln aus weißem Hefeteig, gebacken oder im geschlossenen Topf gegart, mit Vanillesauce, Dörrobst, Kartoffelschnitz oder Sauerkraut. Überhaupt alles gern, was mit Hefe. Oder Gaisburger Marsch: Kartoffelschnitz, Spätzle, Rindfleisch, Fleischbrühe. In anderen schwäbischen Regionen heißt das Rezept anders, aber im Grunde ißt man in Schwaben alles gern, was mit Fleischbrühe. Der Schwabe ist ein Naßesser: jede Menge Suppen, jede Menge Saucen.
Oder gefüllte Kalbsbrust: Bruststück ohne Rippen, gefüllt mit Hackfleisch, Ei, Kräutern; überhaupt gern Gefülltes. Aus Zeiten noch, in denen man das Fleisch strecken mußte. Gu-

gelhopf, Hefekranz, Hefezopf, Schneckennudeln: das ist Backwerk mit Rosinen, auch heute noch am Sonntagmorgen zum Kaffee, mit Butter oder Gsälz beschmiert, oder man darf es in den Kaffee tunken.

Kartoffelsalat, Knödel, Knöpfle, Spätzle, Schupfnudeln (Bubespitzle, Wampestecherle, Baureseckele): alle Kombinationen aus Kartoffeln und Mehl. Warum, siehe unter Kartoffelgerichte, der Schwabe hat ein gestörtes Verhältnis zur Kartoffel. Wenn man die Kartoffel verfremdet oder mit Mehl verschafft, dann ja.

Landjäger, Laugenbrezeln, Laugenwecken, Leberkäs: überhaupt alles gern, was geräuchert und gelaugt ist. Landjäger, Laugenbrezeln und Hefe, daran schlotzen bei uns schon die Babys. Laugenbretzeln, mit Butter bestrichen, werden bei hohen und höchsten Empfängen gereicht.

Leberknödel, Leberknöpfle, Leberspätzle: aus Wecken (Semmeln), feingehackter Rinds- oder Kalbsleber und Gewürzen. Sie sind der Favorit unter den Innereienrezepten. Sie zeigen auch auf, wie die schwäbische Küche variiert: als Suppe mit Fleischbrühe, geschmälzt mit Sauerkraut oder Kartoffelsalat, oder mit Ei überbacken. Linsen mit Spätzle und Saitenwürsten, die Linsen möglichst in Wein gekocht à la Thaddäus Troll. Überhaupt, ein bißle Alkohol am Essen kann nicht schaden, oder alles gern, wovor der Doktor warnt. Oder Maultaschen, das ist hauchdünner Nudelteig, gefüllt mit Spinat oder Brät, ähnlich variabel als Speise wie Leberknödel, als Suppe und Hauptgerichte. Ofenschlupfer oder Pfitzauf als Süßspeisen mit Kaffee. Die schwäbischen Süßspeisen zu Mittag rühren von kinderreichen Familien her. Rote oder Schützenwürste, das sind Fleischwürste, gekocht oder gegrillt. Diese Fleischwürste gibt es seit 100 Jahren, anderswo auch, nicht bloß unter Schwaben. Aber die Rote war die Lieblingswurst des letzten württembergischen Königs. Bei seinen Herrenabenden gab es regelmäßig Rote und Kartoffelsalat. Und heute noch ernähren sich unzählige schwäbische Familien von Mai bis Weihnachten, hauptsächlich an den Wochenenden, von roten Würsten. Bei

Wanderungen und Ausflügen, auf einen Stecken gespießt, über dem Feuer geröstet, ist die Rote das ideale Vesper. Man kann das auch mit den Landjägern machen.
Im Mai beginnen die Hocketsen (hocken = sitzen), das sind Feste unter freiem Himmel, Wochenende für Wochenende, bis zum Herbst. Dann folgen die Kirben und die Märkte, einschließlich Weihnachtsmarkt. Und überall ißt man seine Rote. Oder man ißt Oberländer, hautlose Bratwürste aus Kalbsbrät.
Schwäbisch sind auch saure Kartoffelrädle, saure Kutteln (der fleischige Teil des Kuhmagens), saure Nierle oder Briesle, Leberle, Knöchle, Ripple, Züngle: überhaupt gern Saures und Gesalzenes. Sauerkraut, Sülzen, Salate, vom Ochsenmaulsalat über den Wurstsalat bis zum Tomatensalat.
Oder schwäbischer Rostbraten mit Filderkraut und Spätzle, ab November bis Neujahr Gans. Göggele und Ente sowieso. Dann wird's wieder süß: Schnitz- oder Hutzelbrot und Gutsle zu Weihnachten: »Überal wurd grührt ond gwoge, nei'glangt bis zum Eleboge, überal wurd knaatscht ond bache ...«
Das war schon immer so: »Im einfachen Haushalt wird einfach gekocht. Der Bauer als Selbstversorger verwendet das, was er im eigenen Betrieb erzeugt. Durchweg ist das Sonntagsmahl reicher als das der Wochentage. Winters wird sorgfältiger gekocht als im Sommer, wo die Arbeit drängt (um 1890).«
Darauf werden wir noch zurückkommen, aber es fehlen noch ein paar schwäbische Eigenschaften: Alles was man über den Schwaben weiß, gilt selbstverständlich auch für die Schwäbin und somit auch für die Küche. Der Schwabe ist ein Tüftler. Seine große Chance war das Industriezeitalter, das im vergangenen Jahrhundert begann. Aus den Handwerksmeistern wurden Unternehmer und Fabriklesbesitzer. Der Weltmarkt verlangte Präzision und Qualität. Und auch die Schwäbin tüftelt.
Wenn sie kocht, dann ist das auf dem Herd und um den

Herd herum ihr Fabrikle: aus der Schüssel in den Topf, aus dem Topf in eine zweite Schüssel, aus der zweiten Schüssel in einen zweiten Topf, aus dem zweiten Topf wieder in den ersten Topf, aus dem ersten Topf in eine dritte Schüssel, aus der dritten Schüssel in die erste Pfanne, aus der ersten Pfanne in die zweite Pfanne. Die Feinmechanikerbegabung des Schwaben ist auch das Feinmechanikergeheimnis seiner Küche. Plus der Herkunft von armen Eltern. Die Handwerker früher, die Bauern, die Wengerter, in der Regel mit vielen Kindern, und mit den Großeltern am Tisch, mußten mit einfachen Sachen auskommen: Mehl, Eier, Hülsenfrüchte, Kartoffeln, Milch, Gemüse, Obst.

So entstanden mehr oder weniger alle Landschaftsgerichte: Wer das immer wieder gleiche Material immer wieder anders so hinkriegte, daß die Familie sowenig wie möglich darauf herumkaute, der konnte kochen. Eine typisch schwäbische Eigenschaft ist der stoische Fleiß. Den hat auch die Schwäbin beim Kochen.

Es gibt Spätzle in der Suppe, oder geschmälzt, oder geröstet. Und es gibt Mehlspätzle, Kartoffelspätzle, Milchspätzle, Kässpätzle, Brätspätzle, Krautspätzle, Leberspätzle, Schinkenspätzle, Spinatspätzle, Wurstspätzle, Gurkenspätzle, Apfelspätzle, saure Spätzle, Spätzleauflauf. Und wenn es keine Spätzle gibt, gibt es Nudeln: »Die beste Nudle sind die, wo über de Löffle ra'hanget, ma schleckt emol zerst d'rnoch.« Dann gibt es wieder Spätzle.

Der Schwabe arbeitet nicht, er schafft. Schaffen sieht zunächst langsamer aus als arbeiten, aber das täuscht. Man schafft so gleichmäßig vor sich hin, wie ein Bergführer in scheinbarem Trott den Pfad hochgeht. Schnelles Schaffen bringt nichts, aber überlegtes Schaffen. Und man muß den Schwabe schaffen lassen. Nicht dreinschwätzen. Er will eigenverantwortlich schaffen. So schafft auch die Schwäbin in der Küche. Wenn ihr etwas nicht gelingt, ist sie narreter als jeder andere. Es flog schon mancher Pfannkuchen in hohem Bogen aus dem Fenster in den Garten.

Gegessen wurde immer und zu allen Zeiten. Gekocht wird,

Nachdem die 7 Schwaben zuletzt noch beim Metzger am Gögginger Tore gute Augsburger Würste eingekauft, ziehen sie zum Tor hinaus.

seit es das Feuer gibt. Und so sah die schwäbische Küche vor 100 Jahren aus: Im Allgäu aß man hauptsächlich Milch-, Mehl- und Schmalzspeisen. Es bestand der Brauch, daß die Nachbarn einander wechselseitig nach dem Schlachttag mit frischem Fleisch und anderem aushalfen.
In der Donaugegend und im Unterland gab es feste Fleischtage: sonntags, dienstags, donnerstags. Dann aß man geräuchertes Schweinefleisch, Speck oder Rindfleisch, mit Spätzle, Knöpfle oder Sauerkraut. Spätzle wurden geschabt, Knöpfle waren ein etwas festerer Teig, durch den Sieb gedrückt.
Es gab katholische und lutherische Wecken, das waren Doppelwecken oder genetzte Wecken. In der Machart bestand kein Unterschied. Die katholischen Wecken stammten aus dem katholischen Teil Schwabens, die lutherischen Wecken aus dem lutherischen Teil. Die Magd in Gmünd holte zum Kaffee: »vier Lutherische und vier Katholische«. Es gab Schwarz- und Weißbrot, beides ungesüßt, aus Dinkel gebacken: »das am feinsten und weißesten sein soll, neuerdings dringt der Weizen vor«.
An Festtagen aß man saure Spätzle mit Bohnenschalen, geröstete Schupfnudeln, Dampfnudeln und Eierhaber. Im Sommer gab es grünen Salat statt Sauerkraut. Zur Fasnacht, am Palmsonntag, während der Heuet und der Ernte gab es Schmalzküchle. Zur Kirchweih und an Weihnachten gab es Hutzelbrot. Nachtessen war Milch mit eingebrocktem Brot. Man aß fünfmal am Tag, dreimal warm, zweimal Unterbrot oder Vesper. Man trank braunes Bier, Wein oder Most. Most enthielt etwa soviel Alkohol wie Bier. Man rechnete in guten Gegenden des Landes auf eine vierköpfige Familie etwa 2000 bis 3000 Liter jährlich, »auf einen Dienstboten schätzt man täglich während der Erntezeit mindestens fünf Liter, im Oberland hat jeder Knecht täglich Anspruch auf diese Menge«.
Auf der Alb aß man Habermus, »aus feingeschroteten Kernen«, oder aus Weizenmehl. Es gab Spätzle, Knöpfle, Nudeln, Dampfnudeln, Milch, Kartoffeln, Sauerkraut. Pro Jahr

und Familie wurden ein bis zwei Schweine geschlachtet: »mer metzget eine Sau ins Haus«. Überhaupt metzgen: g'metzget wurde bei zunehmendem Mond, sonst nahm der Speck ab. Was nicht sofort gegessen wurde, wanderte in den Lack, in die Salzbrühe, und wurde geräuchert. Während der Ernte gab es auch auf der Alb Schmalzküchle. Und Schnaps: »wurde leider viel getrunken«. An Festtagen gab es Hutzelbrot. Eierhaber war auf der Alb »Kratzete«.

Auf der Baar, im Schwarzwald, gab es zum Frühstück Kaffee, Suppe, Kartoffeln. Mittags aß man Speck mit Sauerkraut und Spätzle (»sonntags Kraut, Spätzle, Speck; montags Spätzle, Kraut, Speck; dienstags Speck, Kraut, Spätzle; no fanget mr wieder von vorn a«). Im Sommer gab es auch welsche Bohnen (Mais) und rothe Rannen (rote Rüben). Man aß »rauhes Brot« aus Gerste, Linsen, Ackerbohnen, und weißes Brot aus Dinkel. Hauptgetränk war Schnaps. »Der Bier« taugte nicht zum Schaffen, und Wein war zu »kostlich«.

Bei Hochzeiten gab es Brotsuppe, Saures, Nudelsuppe mit Rindfleisch, Rettiche und rote Rüben, Schweinebraten mit Sauerkraut, Bratwürste, Kalbsbraten mit gekochten Zwetschgen, Salate. Pfingstbrauch waren Sülzen. Zur Kirchweih gab es Küchle und Obstwecken. Kuchen kannte man nicht.

Überhaupt der Schwarzwald: es gab die Höfe der reichen Waldbauern, und es gab die Dörfer. Geweckt wurde um drei Uhr morgens, im Winter um fünf. Frühstück war Milchsuppe oder geschmälzte Brotsuppe. Um neun gab es Vesper (»Neunebrot«): Brot und Most. Um elf war Mittagessen: geräuchertes Schweinefleisch mit Kraut und Spätzle oder Rindfleisch mit Gemüse und Kartoffeln. Nachmittags um drei war wieder Vesper (»Druibrot«): Most und Brot. Zum Nachtessen gab es Suppe, saure Milch, Kartoffeln. Im Sommer aß man viel Salat und Bohnen. Die Herrschaft kochte wie in den besseren Häusern der Stadt. Frühjahrsgemüse kam aus Straßburg. Jeden Tag Fleisch. Morgens und nachmittags Kaffee. Wein und Bier im Keller. Die Waldarbeiter aßen morgens Wassersuppe, Milchsuppe oder Eierhaber. Wenn sie weiter weg schafften, nahmen sie ihr Essen mit: Schwarzbrot, Speck, Milch, Schnaps. Wenn sie in der Nähe schafften, kriegten sie das Essen gebracht: Brühe mit Spätzle und Kartoffelschnitz, Kraut und Bohnen. Ein- bis zweimal in der Woche gab es Fleisch, sonst Mehl-, Eier- und Milchspeisen. Daheim trank man Most oder Schnaps.

Im Strohgäu trank der wohlhabende Bauer morgens Kaffee. Mittags aß er Suppe, Fleisch, Gemüse, Kartoffeln. Abends wieder Suppe, dann Milch und Kartoffeln. Der mittlere Bauer aß morgens Suppe, ein- bis zweimal in der Woche Fleisch, abends Suppe, Spätzle, Milch und Kartoffeln.

Ob reich oder arm, sonntags gab es Schweinefleisch, Spätzle, Kartoffeln und Sauerkraut. Kraut wurde so viel gekocht, daß es bis dienstags oder mittwochs zum Aufwärmen reichte.

Im Hällischen und Hohenlohischen aß der wohlhabende Bauer im Winter viel Fleisch. Um Martini wurde ein Rind oder eine gemästete Kuh geschlachtet, im Februar zwei oder drei Sauen, und das Fleisch für den Sommer geräuchert. Im Sommer gab es Milch, Eier, Mehlspeisen, Ernteküchle, Waffeln, Apfelküchle, Eierhaber. Suppe und Milchspeisen wurden aus einer gemeinsamen Schüssel in der Tischmitte gegessen.

Bei besseren Bauernhochzeiten gab es vor dem Kirchgang Reissuppe mit Rindfleisch, saure Gurken, rote Rüben und den hohenlohischen Meerrettich. Nach der Trauung: Metzelsuppe, Rindfleisch, Kutteln, Schweinefleisch, Blutwurst und Sauerkraut. Gegen Abend: Schweine- und Kalbsbraten, Spätzle, Salat. Auf die Nacht: Kaffee und Kuchen. Wer nicht alles aufaß, kriegte Papier zum Einpacken: »Es mußte bei besonderen Anlässen viele und fette Speisen geben, auch starke Getränke und große Platten, im Sinne des Glaubens und Vertrauens, daß die Natur auch weiterhin ihre Gaben in Fülle bescheren werde.«

Die schwäbische Küche war also vor drei oder vier Generationen noch eine Bauern- und Wengerterküche, auch in der

Stadt. Und das wieder hat mit der Großmutter so harmonisiert. Essen und Trinken richteten sich stark nach der Berufstätigkeit und nach der Länge eines Arbeitstags. Das hat sich inzwischen durch die Industrialisierung weitgehend verändert.
Ein Schwabe, der es zu was gebracht hat, schafft auch heute noch seine zwölf bis vierzehn Stunden, aber er steht nicht unbedingt schon morgens um drei auf. Und er ist meist auch sein eigener Brotherr. Die Sklaverei hat nachgelassen, Gott sei Dank, aber jeder hat sich knitzerweise, listigerweise, genau gemerkt, was damals geschmeckt hat. Und er hat es weitervererbt.
Insofern ist die schwäbische Küche nicht erst neuerdings eine nostalgische Küche, sondern eigentlich schon seit der Jahrhundertwende. Wer früher Knecht sein mußte, weil er keine andere Möglichkeit hatte, hockt heute qualifiziert im Büro und vespert das ganze Jahr über als sei Heuet.
Die schwäbische Küche hat sich gehalten wie der Dialekt. Und sie kommt sicherlich auch vom optischen Reiz der Landschaft her. Man ißt auch heute noch viel draußen, mit Blick auf die Buckel, Täler, Wälder, Wiesen, mit Blick auf die Burgen und Schlösser. Dafür kann der Schwabe nichts, aber es gibt in ganz Europa keinen Landstrich, der auf so engem Raum so viele geschichtliche Antiquitäten aufweist: Kirchen, Dome, Klöster, mittelalterliche Städtle, Heilbäder, Wirtschaften. Das macht heiter und regt den Appetit an.
Schwäbische Küche ist auch Kartoffelpüree, der geriebene Kartoffelsalat, das süße oder Bayrisch Kraut, der Blumenkohl oder Karfiol; Kohlrabi, Spinat oder Wirsing, aber das sind Halbheiten geblieben, der eine mag's, der andere nicht. In Wengertergegenden und in katholischen Gegenden, so die Experten, kocht man heute noch besonders schmackhaft. Das leuchtet ein: wo Wein zum Essen getrunken wird, muß man auf den Wein zukochen. Und wo Essen noch eine ungebeugte Lust ist, »frißt mancher den Mönch mitsamt der Kutt«.
Der Schwabe ist ein Grübler und ein Philosoph. Auch das

ist ihm angeboren. Süßes und Saures gleichermaßen als Leibspeisen läßt auf eine lebhafte Seele schließen.
Der Schwabe ist verwöhnt geworden, er geht auch mal chinesisch essen, aber er ist sparsam geblieben. Er druckt auch heute noch sein altbachenes Brot in die Knödel. Das schwäbische Untertreiben, das Nicht-viel-Hermachen, die Verlegenheit bei gesellschaftlichem Gala, ist nicht so sehr eine Tugend, es ist das Erbgut rechtschaffener, armer Eltern, die vor Übertreibungen warnen. In der schwäbischen Küche gibt es keine Übertreibung.
Es ist alles seit Jahrhunderten erprobt: Krieg, Frieden, Diät; wie man die Natur ausnutzt, ohne sie kaputtzumachen; was die Jungen und was die Alten brauchen, und wie man Kinder auch in Notzeiten großkriegt; wie man gescheit und genußvoll ißt.
Wenn man das weiß, warum soll man das ändern.
Auch hat der in Geldsachen oft mißverstandene Schwabe vor 100 Jahren schon den modernen Satz erfunden: »Wo ma ißt, derf ma na'gange, wo ma Geld zählt, soll ma wegbleibe.«

Knitz

Suppen

Es müssen tausend Augen aus dem Teller gucken und zwei Augen hineingucken: no isch's a Supp. Sie soll heiß und schlotzig sein. Der Schwabe hält sich gern an die vor Jahrtausenden entstandene, klassisch gewordene Fleischbrühe, egal was drin ist: Schwarzbrot, Flädle, Grießknöpfle, Kartoffelschnitz, Spätzle oder Leberknödel. Andererseits: bloß Fleischbrühe, und sonst nichts drin, das ist dem Schwaben zu nacket. Er gilt als Suppenesser, als Suppenschwob oder Subbaschwob. So hieß auch einer der legendären sieben Schwaben, der fünfmal täglich Suppe aß.

Er war gar nicht so dumm, wie sich das anhört: er war für leichte Mahlzeiten und hatte immer einen warmen Bauch, besonders im Winter. Wer gern Suppe ißt, »süpplet«.
In den Redewendungen der Schwaben taucht die Suppe immer wieder auf, wenn auch mit unterschiedlichem Wert: »wer lang Supp ißt, lebt lang«, »wer viel Supp ißt, lernt nichts«, »kloine Kender krieget Wasserköpf«, »d Supp isch's Best, wenn se aber z'letscht käm, no dät se koiner meh esse«.
»Suppedackel« und »Suppe'lalle« sind Schimpfworte. Dagegen: »I han dreiss'g Johr mei Supp mit ehm gesse« ist eine gute, zumindest vieles verzeihende Nachrede. Die Lateinschüler waren für die Elementarschüler die Suppenlateiner: »Suppe'lateiner, Hose'latzknopf, Mädlesverführer, elender Tropf!«
In der Praxis war es so, daß man in kinderreichen Familien mit Suppe aufwuchs: erster Gang Suppe, zweiter Gang Kuchen mit Malzkaffee oder Schupfnudle, Dampfnudle, Ofenschlupfer. Die nächste Mahlzeit war dann am Nachmittag ein Gsälzbrot. Suppe war für Kinder die erste Würzkost, an die man sich gewöhnte.
Suppen wurden schon vor 500 Jahren genannt: Weinsuppe, Milchsuppe, Biersuppe, Hanfsuppe, Zwiebelsuppe, Käsesuppe, Fastensuppe und Fischsuppe. Die üppige Form war Suppe mit Kraut und Fleisch: »Vor einer dicken Supp ist noch nie ein Knecht davongelaufen.« Metzelsupp, Taufsupp und Hochzeitssupp galten als die glücklichsten Suppen. Die herzhaften Suppen entstanden für die, die tüchtig schaffen mußten. Die Familiensuppen entstanden über die Resteverwertung: »schwäbische Sparsamkeit, kleine wirtschaftliche Verhältnisse, fünf bis zehn Kinder, Großvater und Großmutter mit am Tisch, Zutaten aus dem Garten, wenig Geld, aber Sorgfalt beim Kochen«. Nicht selten löffelt man heute noch, wie bei der Leberknödelsuppe, die Brühe aus, ißt zwei oder drei Leberknödel als Suppenknödel, und zu den verbleibenden Leberknödeln wird Kartoffelsalat gereicht.
Suppe ist für den Schwaben auf alle Fälle ein Kindheitser-

lebnis. Ob er das später beibehält oder nicht: was andere Bouillon nennen, kennen schwäbische Babys schon als Apéritif. Suppe wärmt den Magen an und füllt ihn vor.
Eine der nahrhaftesten Suppen, besonders im Oberland, war über Jahrhunderte hinweg die Milchsuppe mit gekochten und geschälten Kartoffeln, meist als Nachtessen. Inzwischen sind es unzählige Suppen geworden, selber gekocht oder fertig gekauft. Aber auch wenn Supp aus der Guck, aus der Tüte, muß es zumindest ein schwäbischer Hersteller sein.
Außerhalb Schwabens, auf Reisen oder im Urlaub, ißt der Schwabe nicht unbedingt Suppe. Da wartet er lieber, bis er wieder daheim ist. Oder er mietet sich ein Häusle und kocht selber.

Hirnsuppe

1 Kalbshirn
1 Fleischbrühe
1 EL gehackte Petersilie
1 Zwiebel
60 g Butter
100 g Mehl
2 EL saurer Rahm (Sahne)
Salz, Muskat
Weißbrotwürfel

Das Kalbshirn eine halbe Stunde in kaltem Wasser wässern, kurz in lauwarmes Wasser legen, häuten, einige Male in sprudelnder Fleischbrühe aufkochen und dann grob wiegen.
Die feingehackte Petersilie und die Zwiebel in der heißen Butter dämpfen, das Mehl darüberstreuen und mit der Fleischbrühe ablöschen. Die Brühe durchsieben, das Hirn zufügen und noch etwa 20 Minuten kochen. Die Suppe vor dem Anrichten mit Rahm abziehen, zuletzt mit etwas Salz und Muskat abschmecken. Geröstete Weißbrotwürfel dazu anbieten.

Sieglinde Harrer, Vaihingen/Enz

Ochsenschweifsuppe

1 frischer Ochsenschweif, nicht zu klein
einige Scheiben Speck und roher Schinken
Zwiebeln, Möhren, Porree, Sellerie, Kräuterbündel
1 Lorbeerblatt
2 Gewürznelken
8 Pfefferkörner
Muskat, Salz, Cayennepfeffer
1 l Fleischbrühe
½ l Weißwein
2 Gläser Madeira

Der Ochsenschwanz wird in 2 cm große Stücke zerteilt, gewaschen und 15 Minuten lang in siedendem Wasser abgekocht. Dann legt man ihn kurz in kaltes Wasser und trocknet ihn ab.
Der Ochsenschwanz wird in die Kasserolle gelegt und dort mit Speck, Schinken, Zwiebeln, Möhren, Porree, Sellerie, Kräuterbündel, Lorbeerblatt, Gewürznelken, Pfefferkörnern, Muskat und etwas Salz unter Zufügung der Fleischbrühe und des Weißweins zum Kochen gebracht. Man schäumt die Suppe gut ab und läßt den Ochsenschwanz zugedeckt langsam weich kochen.
Jetzt nimmt man das Fleisch heraus, seiht* die Brühe durch, entfernt das Fett, gießt den Madeira hinzu und schmeckt mit etwas Cayennepfeffer gut ab. Das Fleisch wird in kleine Stücke geschnitten und der Suppe zugefügt.

* passiert

Margarete Faigle, Affalterbach

Ebbes ploga (plagen, schinden) uff'm Herd, wenn mit wenig Fett geröstet wird.

Wann der Däne verliert den Grütze,
der Franzos seinen Wein,
der Schwab die Suppe
und der Bayer das Bier,
so sind verloren alle vier.

Fischart (1700)

Brotsuppe

Von einem guten Hausmannsbrot werden mit dem Messer feine Scheiben abgeschnitten. Dieselben werden in eine Suppenschüssel gegeben und mit kochender Fleischbrühe übergossen; dann eine Weile stehengelassen und mit Muskatnuß bestreut.
Bei sparsamer Wirtschaftsführung wird Gemüsebrühe oder auch nur Wasser mit Fett genommen. In diesem Fall soll die Suppe mit einer geschnittenen und in Fett gerösteten Zwiebel geschmälzt werden.

Margret Faiß, Herrenberg

Geröstete Grießsuppe

Großkörnigen Suppengrieß in einem Stück Butter schön dunkelbraun rösten, mit Wasser oder Fleischbrühe ablöschen, etwas Salz dazugeben und 15 Minuten langsam kochen lassen. Eine Handvoll feingehackte Petersilie dazugeben und mit einem verquirlten Ei abziehen. Nach Geschmack würzen.

Maria Erb, Frickenhausen

Oscar Heiler, langjähriger Partner Willy Reicherts (»Häberle & Pfleiderer«) über moderne Kinderermahnung und Umweltschutz: »Iss dei Supp, bevor se drecket wird!«

Wurzelsuppe

Eine kleine halbe Zwiebel, eine Sellerieknolle, ein Stengel Lauch, eine gelbe Rübe und etwas Petersilie werden fein gewiegt, in 60 g Butter gedämpft und mit heißem Wasser aufgefüllt.
Nun gibt man 6—8 große, feingeschnittene Kartoffeln dazu, läßt alles eine gute Stunde kochen, treibt es durch ein Sieb, würzt mit Salz und Muskat und streut etwas feingewiegten Kerbel darauf.

Herbert Brumme, Sulzbach/Murr

Laugenbrezelsuppe

Man tut sechs Brezeln in einen Topf, gießt kaltes Wasser darüber und läßt sie, wenn sie weich sind, mit 4 Loth (40 g) Butter langsam kochen. Alsdann treibt man sie durch einen Seiher*, setzt sie wieder aufs Feuer und läßt sie aufkochen; verrührt sodann 4 Eidotter mit zwei Eßlöffeln süßem Rahm** und tut dies nebst etwas Muskatnuß an die Suppe.

* Sieb
** Sahne

Elfriede Konzelmann, Leutenbach

Da kommt der Allgäuer auf den Zinken eines Rechens zu springen, und der Stiel fährt ihm ins Gesicht und gibt ihm einen ungewaschenen Schlag.

Schwäbische Kartoffelsuppe

500 g Kartoffeln
*3 große gelbe Rüben**
30 g Fett
1 große Zwiebel
1 Bund Petersilie
2 EL Mehl
Fleischbrühwürfel
Salz, Pfeffer
2 Scheiben Toastbrot
*2 Paar Saitenwürstle***
etwas Fett extra
Petersilie zum Bestreuen

Die rohen Kartoffeln und Rüben schälen und würfeln. In dem zerlassenen Fett dämpft man die feingeschnittene Zwiebel, die gehackte Petersilie, die Kartoffeln und die gelben Rüben. Das Mehl überstäuben und kurz weiterdämpfen. Danach mit 2 l Wasser ablöschen und zugedeckt vierzig Minuten durchkochen lassen.
Nun wird die Suppe durch ein Sieb passiert, wieder in den Kochtopf zurückgegeben und noch einmal heiß gemacht, dabei Fleischbrühwürfel, Salz und Pfeffer zugeben und abschmecken. Toastscheiben in kleine Würfel schneiden und in Fett rösten.
Die Suppe anrichten. Die in Stücke geschnittenen Saitenwürstle zugeben und Petersilie darauf streuen. Die gerösteten Brotwürfel in ein Schälchen geben und getrennt zur Suppe reichen.

* Möhren
** Frankfurter Würstchen

Gudrun Lorch, Sindelfingen

Aus dem Sittenbüchle eines schwäbischen Klosters:
»Ein Fräulein von Stand soll aber die Butter nicht mit dem Daumen aufs Brot streichen, soll auch die Suppe nicht laut vom Teller schlürfen wie ein Kalb, sondern leise wie eine Jungfrau, und soll die Finger nicht bis ans Handgelenk in die Brühe tauchen.«

Flädle für die Suppe (Rezept Seite 36) ▷
und Maultaschen (Rezept Seite 100)

Salz

Riebelessuppe

Für die Riebele aus 250 g Mehl, 2 Eiern, etwas Wasser einen festen Nudelteig kneten. Man reibt diesen mit dem Reibeisen auf ein Tuch und läßt die Riebele trocknen. Nun sät man die getrockneten Riebele in 1½ Liter kochende Fleischbrühe ein und läßt sie weich kochen. Man schmälzt die Suppe mit brauner Butter.

Ilse Rapp, Vaihingen/Enz

Baumwollsuppe

60 g Butter
60 g Mehl
3 Eier
⅛ l Milch
Salz, Muskat
Fleischbrühe

Die Butter wird schaumig gerührt, abwechselnd Mehl, Milch, Salz und Muskat dazugegeben. Man läßt die Masse langsam in kochende Fleischbrühe einlaufen und aufkochen.

Doris Pietsch, Backnang

Gebähte* Weckensuppe

Die Wecken werden zu Scheiben geschnitten, schön gelb geröstet, mit Fleischbrühe oder siedendem Wasser angebrüht und gut zugedeckt.
Dann wird ein Eigelb mit ein wenig kalter Fleischbrühe oder saurem Rahm gut verrührt und mit der heißen Suppenbrühe vollends abgebrüht. Dann tut man die Suppe noch so lange auf das Feuer, bis sie sich kräuselt.

* geröstete

Claudia Exner, Schwäbisch Gmünd

◁ *Gefüllte Kalbsbrust (Rezept Seite 48)*

Bettelmannssuppe

40 g Graupen
1 Zwiebel
50 g Butter
1 l Brühe
½ l Wasser
30 g Schwarzbrotwürfel
1 Sellerieknolle
3 Möhren
125 g Kartoffeln
Salz

Die Graupen und die gewürfelte Zwiebel werden in Butter gedünstet, dann füllt man mit Brühe und Wasser auf, läßt sie eine Stunde kochen und gibt vor dem Anrichten das in Würfel geschnittene Brot und das Suppengemüse dazu und schmeckt die Suppe mit Salz ab. Man kann geröstete Brotwürfel dazu reichen und die Suppe mit Petersilie bestreuen.

Heino Meyer, Esslingen

Im Oberschwäbischen brachte man dem Heiligen Martin am Martinstag Braten, Kuchen, Most und Bier in die Kirche, legte es als Opfergabe vor seine Statue, ließ es eine Nacht lang dort, daß der Heilige Martin sich daran erfreue. Am nächsten Tag trugen die Bauern die Statue ins Wirtshaus und vesperten die Opfergaben auf.

Hopfensuppe

Kerbel
Sauerampfer
Petersilie
Zwiebel
Fleischbrühe
Hopfen
2 Eigelb
2 Weißbrotschnitten

Man dämpft kleingehackten Kerbel, Sauerampfer, Petersilie und Zwiebel in Butter, löscht mit Fleischbrühe ab, tut dann in Salzwasser nicht ganz weichgekochte, in kleine Stückchen geschnittene Hopfen, die jung und zart sein müssen, zu den übrigen Kräutern und kocht die Suppe fertig. Vor dem Anrichten werden zwei Eigelb hineingetan und das Ganze über gebähte* Schnitten gegossen.

* geröstete

Christiane G. Delker, Herrenberg

Goldwürfelsuppe

1/8 l Milch
1 Ei
Salz, Muskat
2 Milchbrote
Fett zum Ausbacken
1/4 l Fleischbrühe

Milch, Ei und Gewürze verquirlen, über die kleingeschnittenen Milchbrote gießen. Wenn sie sich vollgesogen haben, in heißem Fett herausbacken. In die Suppenschüssel geben und die kochende Fleischbrühe darübergießen.

Margarete Vaihinger, Stuttgart

Suppengrün

eingelegt für den Winter

6 Pfund Tomaten
2 Blumenkohl
ziemlich Lauch
Sellerie und Petersilie
2 Lorbeerblätter
Pfefferkörner
2 Pfund Salz

Alles durch die Maschine treiben und das Ganze mit dem Salz gut vermengen. In Steingutgefäße oder Gläser füllen und zubinden. Gibt sehr aus.

Das beste Suppengrün im Winter für Fleischbrühe, Kartoffelgemüse, Gaisburger Marsch und viele andere Gerichte.

Käthe Kraft, Stuttgart

Flädlessuppe

(zum Foto bei Seite 32)

¼ Pfund Mehl
¼ l Milch
2 Eier
Salz, Muskat

Außerdem:
Speck
Fleischbrühe

Aus den Zutaten wird ein glatter Teig angerührt. Dann backt man in heißer, mit Speck eingeriebener Pfanne recht dünne Flädchen. Diese werden, abgekühlt, in dünne Streifen geschnitten und in klare Fleischbrühe gegeben.

Heide Läpple, Backnang

Suppe mit doppelt gebackenen Flädle*

in unserer Familie seit über 100 Jahren eine Leibspeise.

Aus 500 g Siedfleisch, 2 l Wasser, Grünzeug und Salz eine Fleischbrühe kochen.
Einen dünnen Flädlesteig aus 200 g Mehl, ¼ l Milch, 4 Eiern, etwas Salz und 1 Eßlöffel Öl rühren. Aus diesem Teig ca. 16 dünne Flädle backen. Die Flädle rechts und links, oben und unten einschlagen. Die so entstandenen Vierecke in zwei mit Milch und etwas Salz verquirlten Eiern umdrehen und in der Pfanne mit Butter vierstückweise nochmals backen.
Die doppelt gebackenen Flädle in der vorgewärmten Suppenschüssel mit Fleischbrühe übergießen und zugedeckt einen Augenblick stehenlassen. Muskat und Schnittlauch daran geben.
Das Siedfleisch wird zur Suppe gegessen. Man schöpft mit

der Brühe immer ein Flädle und sticht davon mit dem Eßlöffel Stücke ab.

* dünne Pfannkuchen

Lise Braun, Schorndorf

Stuttgart, 1872: »... nahm die Zahl der Schankwirtschaften in einem Jahr um 117 zu, so daß auf 139 Einwohner eine Schankwirtschaft kam ... wurde den Handwerksmeistern vorgeworfen, daß sie schon in der ›Frühmess‹ das Geld verlumpen, das sie aus der Kundschaft durch viel zu hohe Forderungen und schundige Ware herauspumpen ... stieg der Fleischverzehr, der in den sechziger Jahren noch bescheiden war, auf 144 Pfund pro Kopf im Jahr.«

Brennsuppe

50 g Fett	*1½ l Wasser*
4 EL Mehl	*Salz, Pfeffer, Kümmel,*
1 Zwiebel	*Würzkräuter*

Man erhitzt in einer Kachel* das Fett, gibt das Mehl dazu und läßt es bräunen. Dann die feingeschnittene Zwiebel dazugeben, mit Wasser ablöschen und aufkochen. Würzen mit Salz, Pfeffer, Kümmel und anderen Kräutern.

* Backform mit hohem Rand

Hans Pündner, Vaihingen

Wildsuppe

Reste von gebratenem Wild
Suppengrün
4 EL Fett
5—8 EL Mehl
Salz, Pfeffer, Paprika

Das Fleisch von den Knochen lösen und in kleine Stückchen schneiden. Die Knochen etwas zerstampfen und mit dem Suppengrün im Fett anbraten. Das Mehl zugeben und dunkel rösten. Mit 1½ l Wasser ablöschen, würzen und alles gut durchkochen lassen.
Beim Anrichten die durchpassierte Suppe über die Fleischstückchen gießen. Ein Schuß Rotwein verfeinert die Suppe.

Margret Schlecht, Winnenden

Blumenkohlsuppe

1 Blumenkohl
3—4 EL Butter
4 EL Mehl
1 Eigelb
2 EL süßer Rahm
Muskat, Salz

Den Blumenkohl putzen, in Röschen zerpflücken und einige Zeit in kaltes Salzwasser legen. In einem Liter kochenden Salzwasser nicht zu weich kochen.
Aus Mehl und Butter eine helle Mehlschwitze bereiten, mit Blumenkohlwasser ablöschen, auffüllen und gut durchkochen. In der Suppenterrine das Eigelb, den Rahm und etwas Muskat verquirlen und mit der heißen Suppe unter Rühren auffüllen. Die Blumenkohlröschen einlegen.

Marlene Dorsch, Stuttgart

Geburtstagsessen des Stuttgarter Magistrats zu Ehren des Herzogs Carl Eugen, 1774, im Rathaussaal: Suppe — Boef à la mode — Gefülltes Kraut mit Krebsgrüßen — Sauerkraut mit geräuchertem Schweinefleisch und anderem Zugehör — Pastete mit Schwarzwildbret — Schnecken mit Sardellen — Aal, hiezu 15 Stück Zitronen — Forellen in Sardellensoße — Gemästete welsche Hahnen — 1 Spansau — Bricken und Häringssalat — Lattich- und Zelleriesalat — Kräutersalat — Schnecken — Geräucherte Zungen und Kopfwürste — Presskopf und gesulzte Kapaunen — Gesalztes Wildbret — Zitronentorte — Geschnittene Mandeltorte — 1 Pyramide — Zimmetbögen — Mandelsterne — Gußtörtle — Zimmetbrödle — Zimmetstern — Zuckerbretzel — Käs, Butter, Äpfel — (dazu wurden 80 Liter Wein getrunken).

Schledderlessuppe

(Einlaufsuppe)

2 EL Mehl
1 Ei
1 TL Wasser
Salz

Außerdem:
Suppenbrühe vom Rindfleisch

Aus den Zutaten macht man einen gut verrührten Teig in einer Schnabeltasse. In die kochende Suppenbrühe streift man vom Rand her den Teig hinein. Die in die Brühe hineinfallenden Teile sind die Schledderle, die man kurz aufkochen läßt.

Anna Lutz, Kirchheim

In Stuttgart wurde 1902 ein Butzele, ein Baby, entführt. Es stammte aus einer gehobenen Familie. Die Entführerin war eine Taglöhnerin. Sie gab das Kind später zurück. Bei der Gerichtsverhandlung sagte die Mutter aus, das Butzele habe nach seiner Entführung nur Bier und scharfe Speisen angenommen.

Fleisch, Fisch, Vesper und Gemüse

Braten, Wild, Innereien, Vesper, Fisch, Gemüse, Eintopf: dieses Kapitel ist eine gewaltige Abteilung. Soviel braucht der Schwabe gar nicht. Er ißt lieber weniger und häufiger, aber auch gern herzhaft. Er weiß vorher nie, was draus wird, wenn er anfängt: »dr Appetit treibt's nonter«. Fleisch ißt man überall. Fleisch ist nicht typisch schwäbisch. Fleisch gab es sonntags, oder ein- bis zweimal in der Woche. Der Schwabe sagte noch bis in unser Jahrhundert herein: »En dem Haus hot mr äll Tag G'sottes ond Brote's.« Wer jeden Tag Gesottenes und Gebratenes auf dem Tisch hatte, war wohlhabend.

Und dem schwäbischen Braten hängt heute noch an, daß er als Sonntagsbraten oder als Festtagsbraten gedacht ist. Er ist eine außergewöhnliche Mahlzeit.

Schwäbisch ist eine gewisse Vorliebe für Kalbfleisch. Theodor Heuss: »Außerhalb des Landes wird man wohl selten dem milden Gericht begegnen, das man ›eingemachtes Kalbfleisch‹ nennt, gekochtes Fleisch mit einer weißen, mehligen Sauce.«

Wild aß man früher nur bei Hofe, es sei denn, der Vater war Wilderer. Und Innereien waren billiger als Fleisch. Aus den Innereien entstanden die Leberspätzle und die Leberknödel. Die gibt es heute noch.

Auch die sauren Nierle gibt es noch, mit feingeschnittenen Bratkartoffeln. Und die Briesle gibt es noch, Drüsen vom Kalb, gespickt und glasiert. Und die Kuttle, den fleischigen Teil des Kuhmagens, in Streifen geschnitten, mit saurer Sauce oder geröstet. Allerdings, Kutteln mag nicht jeder Schwabe.

Aber jeder Schwabe vespert gern. Vespern oder vespere ist Brotzeit. Auch die gibt es überall, nicht bloß unter Schwaben. Vespere kommt von den Bauern- und Handwerkerberufen her, und von den langen Arbeitszeiten früher. Der Bauer stand nachts um drei auf, aß eine Suppe zum Frühstück, um neun hatte er wieder Hunger, das war sein zweites Frühstück oder sein erstes Vesper. Zehn bis vierzehn Stunden schaffen am Tag, auch samstags, war für einen Handwerker nicht außergewöhnlich. Vespere, das waren die Streckmahlzeiten und die Verschnaufpausen: »Jetzt wird erst mol g'vespert, no sieht mr weiter.«

Das klassische Vesper früher war Brot und Most. Das hat sich seit der Industrialisierung im vergangenen Jahrhundert geändert, und heute erst recht: Wurst, Fleisch, Käse, Sülzen, Salate und das altvertraute Sauerkraut. Ripple mit Sauerkraut beispielsweise rangiert unter Vesper. Man vespert auf der Baustelle, in der Werkstatt, auf dem Feld, im Büro, im Auto. Jeder echte Metzger hat alles parat, kalt und warm: heißen Leberkäse, Landjäger, Schinkenwurst, Rauchfleisch,

Sülzen, Schwartenmagen; Knöchle, Öhrle und Schwänzle von der Sau; Fleischküchle, Kartoffelsalat, Tomatensalat, Bohnensalat, Wurstsalat, gekochte Eier.
Man vespert in der Gartenwirtschaft, man vespert abends im Boizle, vor dem Nachtessen, nach dem Nachtessen: »ebbes Kloi's«, eine Kleinigkeit. Es gibt keine Wanderung, keinen Spaziergang, keinen Schulausflug, ohne daß man nicht auf halbem Weg einkehrt. Zum Handwerkervesper gehörte früher die schwarze Wurst, eine Blutwurst mit dicken Speckflocken. Die gibt es heute noch. Legendär sind auch der Backsteinkäse und die Schützenwurst, die Rote, heiß oder vom Grill.
Über das Vespern entstanden, wie schon angetippt, die Salate: Der Ochsenmaulsalat; Käsewürfel, schwimmend in Essig und Öl; oder der Rettich, den der Vater immer in der Gartenwirtschaft mit dem Taschenmesser zurechtschnitt, daß man den Rettich auseinanderziehen konnte wie eine Harmonika.
Das Vesper der Schulkinder war das Gsälzbrot, in besseren Zeiten dann die Laugenbrezel und ein Apfel. Es war ein funktionelles, würziges Kindervesper für Pausen an der frischen Luft, besonders im Winter. Ungezählte Jahrgänge sind damit aufgewachsen.
In diesem Kapitel wird auch das Sauerkraut erwähnt. Das wäre ein Buch für sich. Jede Landsmannschaft hat ihre Sauerkrautrezepte, aber man darf dem Schwaben glauben, daß er sein Sauerkraut schon auf dem Acker verbessert. Auch heute noch. Dafür hat er seine landwirtschaftlichen Akademien und seine speziellen Böden. Wer Wein züchtet, den er selber säuft, der züchtet auch ein entsprechendes Kraut. Es gibt das spitzköpfige Filderkraut, auf den Fildern, einer Hochebene bei Stuttgart. Es ist ein besonders aromatisches Kraut, man ißt es zu Rostbraten mit Spätzle. Die Piloten, die den Flughafen Stuttgart-Echterdingen auf den Fildern anfliegen, behaupten, man rieche es schon hoch in der Luft, wenn es reif ist. Die Großmutter kochte ihr Sauerkraut zwei oder drei Tage lang auf dem Herd, dann waren zwar die Vit-

amine verkocht, aber man konnte selbst ein Baby damit füttern.
Fisch: wenn es sein muß freitags. Und wenn, dann mit Kartoffelsalat. Flußfisch eher, aber der Meeresfisch, obwohl heute blitzschnell und einwandfrei zugeliefert, ist nie ganz heimisch geworden. Es fehlt das Meer. Und es passen keine Spätzle dazu.

Gedämpfter Ochsenbraten

2 bis 3 Pfund Rindfleisch
einige Speckscheiben
Salz, Pfeffer
Petersilie
Zitronensaft
1 Zwiebel
*2 gelbe Rüben**
Lorbeerblätter
Pfefferkörner
¼ l Rotwein
Butter zum Braten
50 g Butter
2 EL Mehl

Ein Eckle von zwei bis drei Pfund wird gut geklopft, dann mit kleinen, fingerdicken Luftspeckstreifen, welche vorher mit Salz, Pfeffer, Zitronensaft und feingewiegter Petersilie gewürzt sind, gespickt. Dieses Stück Fleisch wird nun in eine irdene Schüssel gelegt, mit Scheiben von Zwiebeln, Gelbrüben, Lorbeerblättern, ganzem Pfeffer und Zitronenscheiben darauf, mit etwas Salz bestreut und mit einem Viertelliter Rotwein begossen. In dieser Beize bleibt das Fleisch drei Tage liegen, dabei wird es jeden Tag einmal umgewendet.
Zum Garkochen kommt etwas Butter in ein passendes Geschirr, dazu sämtliches Gewürz aus der Beize. Das Stück Fleisch wird darin schön auf beiden Seiten angebraten. Unterdessen hat man Mehl mit Butter schön gelb geröstet. Das angebratene Fleisch wird aus der Kasserolle genommen. Zu dem zurückgebliebenen Gewürz kommt nun das gelbgerö-

stete Mehl und der Wein, worin das Fleisch gebeizt war, sowie das nötige Wasser oder auch Fleischbrühe. Alles zusammen wird jetzt aufgekocht zu einer dünnfließenden Sauce. In diese Sauce kommt das Stück Fleisch und wird darin weichgekocht. Dann nimmt man es heraus und legt es in ein anderes Geschirr, die Sauce wird durch ein feines Sieb passiert und das Fleisch daringelassen bis zum Gebrauch; sie soll einen pikanten Geschmack haben.

* Möhren

Ilse Schurer, Sindelfingen

Im schwäbischen Oberland hatte die brave alte Pfarrersköchin Anna zum Sonntag eine Ente geschlachtet. Die Anna hatte vor dem Kirchgang schon alles, was zum Braten gehörte, zugerichtet. Die Kartoffeln für den Salat sotten im irdenen Topf, der »Andivi« (Endivien) war geputzt und geschnitten. Das Mohnöl stand bereit. Als es zur Kirche läutete, brachte Anna die Ente aufs Feuer, setzte sich in die Kirche, hörte den Herrn Pfarrer predigen und schlief ein.
Der Herr Pfarrer sah die Anna schlafen, dachte an die Ente, und sprach sein »Dominus vobiscum«. Die Anna schlief. Da setzte der Herr Pfarrer noch mal an. Diesmal mit Donnerstimme: »Dominus vobiscum! Bas Anna, wend d-ent-um!« (Base Anna wend die Ent' um.) Anna erwachte und huschte aus der Kirche.

(Nach August Lämmle)

Brenne den Kopf, nehme den Halsknochen heraus, mache einige Einschnitte in die Haut und löse sie vom Rüssel, um das Runzeln zu verhüten; dann lege den Kopf sechs Stunden lang in kaltes Wasser, stelle ihn hierauf aufrecht in einen Kessel mit Wasser, Wein und Essig, bis er überdeckt ist, und siede ihn langsam mit zwei aufgeschnittenen Zwiebeln, Zitronenrädchen, Lorbeerblättern, Thymian, Basilikum, Rosmarin, Nelken, Wacholderbeeren, Pfefferkörnern und viel Salz.
Wenn er weich ist, schütte die Brühe in ein irdenes Gefäß und schöpfe das Fett ab, lege den Kopf wieder hinein und lasse ihn darin kalt werden. Beim Anrichten nimm ihn aus der Brühe, säuber ihn recht fein, steck eine Zitrone in den Rüssel und verziere ihn nach Belieben. Entweder ißt man ihn kalt mit Essig und Öl oder warm in einer Krebssauce.

Ingeborg Haller, Stuttgart

Als in Stuttgart 1912 das Fleisch von Woche zu Woche teurer wurde, schrieb eine Dame der gehobenen Gesellschaft unter »Eingesandt« an den »Schwäbischen Merkur«: »Seit über 15 Jahren kommen auf unseren Tisch im täglichen Leben weder Fleisch noch Alkohol, weder Kaffee, Tee, Kakao noch irgendwelche Gewürze oder Käse, außerdem nur sehr wenig Milch, Eier oder Butter. Wir haben diese Lebensweise stets beibehalten, weil sie uns äußerst sympathisch ist. Jedermann wird nun fragen: ja was essen Sie überhaupt? Vor allem essen wir nur dreimal täglich und überlassen das beliebte schwäbische Vespern anderen Menschen. Das Frühstück besteht aus einem Teller dicken Haferbreis, ferner Obst jeder Art und ein bis zwei kleinen Schnitten selbstgebackenen Weizenschrotbrots (1 Pfd. grob gemahlene Weizenkörner werden mit stark ¼ l Wasser vermischt, ohne Hefe, zu einem Laib geformt, derselbe mit

Wasser bestrichen und im heißen Ofen etwa $\frac{3}{4}$ Stunde gebacken). Das Mittagessen besteht aus einer dicken Körnersuppe von Gerste, Reis, Mais, Buchweizen, Hafer, Tapioka, aus gebrannter Grieß- oder Mehlsuppe oder Hülsenfrüchten. Nach dieser Suppe gibt es frisches Gemüse und Kartoffeln, und wenn man will noch Obst oder Kompott. Brot wird natürlich hinzugezogen und gibt Veranlassung zu richtigem Kauen. Abends genügt vollkommen grüner Salat mit Schrotbrot, außerdem Obst.«

Gefüllter Schweinebauch

2 Pfund Schweinebauch
2 Tassen Weckmehl
1 feingehackte Zwiebel
Salz, Pfeffer
Petersilie
2 Eier
1$\frac{1}{2}$ Tassen Milch

Man nimmt schön durchwachsenen Schweinebauch. Die Schwarte abschneiden. An der breitesten Stelle eine Tasche in den Bauch schneiden. Innen und außen mit Salz und Pfeffer bestreuen. Das Weckmehl mit den übrigen Zutaten vermengen und in die Tasche füllen.
Die abgeschnittene Schwarte in eine Auflaufform legen. Den gefüllten Bauch mit der offenen Seite auf die Schwarte stellen. Eine halbe Tasse Wasser dazuschütten. Das Ganze bei 200 Grad etwa 80 Minuten backen. Wird sehr schön knusprig.
Außenherum kann man noch geschälte Kartoffeln legen, die braten mit, und man braucht nur noch einen grünen Salat dazu. Den Rest kann man abends kalt aufschneiden.

Martha Fuderer, Winnenden

Gefüllte Kalbsbrust

(zum Foto bei Seite 33)

5 Pfund Kalbsbrust
Salz
2 alte Brötchen
2 Eier
1 Zwiebel
Petersilie
Salz, Pfeffer

Die Kalbsbrust vom Knochen befreien und aufschneiden, mit Salz einreiben.
Fülle: Die Brötchen fein würfeln, zwei Eier verschlagen und die Brötchen drin einweichen und dann mit einer Gabel gut zerdrücken. Zwiebel und Petersilie fein schneiden und dazugeben. Abschmecken. Die Fülle auf das Kalbfleisch streichen und aufrollen. Mit einem Bindfaden umwickeln und braten. Nach Belieben 1 gelbe Rübe*, 2 Zwiebeln, 1 Tomate und ein paar Stengel Petersilie mitbraten.

* Möhre

Ruth Gerngroß, Vaihingen

Wir müssen flugs nach Schwabenland,
wo wir zwei sind noch unbekannt,
doch mir behagt die Landesweise:
Hilf Himmel, was gibt's da für Speise!

Goethe in »Reinecke Fuchs«

Wie sie sehen, daß der Bär tot ist, erheben sich die 7 Schwaben frisch und gesund und werden eins, ihm das Fell abzuziehen.

Gefüllte Kalbsbrust im Tontopf

2 bis 3 Pfund Brustspitze vom Kalb
1 rohe, feine Bratwurst
200 g Hackfleisch
*2 Weckle**
1 Ei
1 Zwiebel
1 Bund Petersilie
Salz, Pfeffer
Butterflöckchen

Aus der Bratwurstfülle, dem Hackfleisch, den eingeweichten und wieder ausgedrückten Weckle, dem Ei, der feingewiegten Petersilie und der feingeschnittenen, angerösteten Zwiebel eine Farce** kneten und mit Salz und Pfeffer würzen.
In die Kalbsbrust eine Tasche schneiden oder besser vom Metzger schneiden lassen, dorthinein die Füllung geben und das Fleischstück gut zunähen. Wenn man das Fleisch nun in den gewässerten Römertopf legt und Butterflöckchen daraufgibt, ist die Arbeit eigentlich schon zu Ende. Ohne weiteres Zutun ergibt das Fleischstück einen herrlichen Bratensaft. Bratzeit ca. 2½ bis 3 Stunden. Dazu paßt prima Kartoffelsalat.

* Semmeln
** Füllung

Irmtrud Sumera, Frankfurt

Eine Bäuerin kam am Sonntagmorgen mit einem Stück Rauchfleisch in der Hand zur Kirche. Der Herr Pfarrer fragte freundlich: »So ist's recht. Möchtet Ihr onserm Herrgott ond mir ein Vesper bringen?« Die Bäuerin, erschrocken: »Heilig's Blechle! Jetzt han i mei G'sangbuch ens Sauerkraut g'schmisse!«

Kalbsschlegel mit Rahmsoße

2 Pfund Kalbfleisch
Salz, Pfeffer
1 Zwiebel
1 Zitrone
Lorbeerblatt
Wacholderbeeren
Pfefferkörner
¾ l Essig
30 g Butter
2 EL Mehl
Fleischbrühe
⅛ l saurer Rahm
1 Röhrchen Kapern

Das Kalbfleisch wird gehäutet, mit Salz und Pfeffer eingerieben. Nun schneidet man Zwiebel und Zitronenrädchen ohne Kerne und legt sie mit dem Schlegel in eine Schüssel, gibt auch ein Lorbeerblatt, einige Wacholderbeeren und Pfefferkörner dazu und übergießt das Ganze mit Essig.
So läßt man das Fleisch einige Stunden stehen, nimmt es dann heraus und brät es in Butter mit den Gewürzen zu schöner Farbe, gießt auch von dem Essig an die Sauce.
In einem kleinen Topf röstet man inzwischen zwei Löffel Mehl mit der Butter hellbraun, gießt Fleischbrühe daran und läßt das Ganze aufkochen, rührt dann die Bratensauce hinzu, wie auch eine Tasse sauren Rahm*. Ist der Braten fertig, wird er angerichtet. Die dickliche Sauce noch durch ein Sieb geben und ein Röhrchen Kapern hinzufügen.

* Sahne

Thilde Wagner, Stuttgart

Eingemachtes Kalbfleisch

1 Pfund Kalbfleisch, Bug oder Nachbrätle
einige Kalbsknochen
Bratfett
Salz
1 große Zwiebel
1 Strauß Petersilie
1 EL Mehl
Fleischbrühe
½ Zitronenrädle (mit Schale)
1 Nelke
1 Lorbeerblatt
1 Glas Rotwein

Das Fleisch an einem Stück (nicht geschnetzelt) und die Knochen im Fett kurz lichtgelb anbraten, aus dem Topf nehmen, salzen. Zwiebel und Petersilie im Fett aufziehen (nicht bräunen) lassen, danach das Mehl ebenfalls kurz mitziehen lassen, mit kalter Fleischbrühe ablöschen.
Zitrone, Nelke und Lorbeerblatt zugeben. Wenn die Sauce kocht, Fleisch und Knochen einlegen und zugedeckt unter gelegentlichem Umrühren ca. 1¼ bis 1½ Stunden köcheln lassen. Den Wein zum Schluß zugeben, etwas mitkochen lassen.
Das Fleisch legt man in eine heiße Schüssel, läßt es ruhen, bis die Sauce mit Salz abgeschmeckt ist, dann in Scheiben schneiden und die kochende Sauce darüber passieren. Es muß viel dickflüssige Sauce sein, im Geschmack so kräftig, »daß sie Tote aufweckt«. Dazu Spätzle und Salat.

Frieda Bach, Ulm

Zur Vermählung des vierundzwanzigjährigen Herzogs Ulrich mit der bayrischen Herzogin Sabina wurden in Stuttgart (1511) für 7000 Gäste aufgetischt: »136 Ochsen, 1800 Kälber, 570 Kapaunen, 1200 Hennen, 2750 Krammetvögel, 11 Tonnen Salmen, 90 Tonnen Heringe, 200 000 Eier, 6000 Scheffel Früchte.«

Gefüllte Gans

1 Gans
Salz und Pfeffer
Zitronensaft
2 Tassen Wasser
1 EL Mehl

Füllung:
3 Brötchen
1 Tasse Milch
Herz und Leber
1 Zwiebel
Petersilie
1 EL Butter
2 Eier
Salz, Pfeffer, Muskat

Die Gans zurichten, waschen und abtrocknen. Mit Salz, Pfeffer und Zitronensaft innen und außen einreiben und ein bis zwei Stunden ziehen lassen. Füllen, zunähen und dressieren. In eine Kasserolle legen, mit dem heißen Wasser übergießen und zugedeckt dämpfen lassen, bis sie im eigenen Fett brät.
Von Zeit zu Zeit wenden und mit einer Gabel in die Haut unterhalb der Keulen stechen, daß das Fett herausläuft. In den Backofen stellen und aufgedeckt unter häufigem Begießen knusprig braten. Aus dem Bratensatz mit Mehl und Wasser eine Sauce bereiten und gut abschmecken. Bratzeit ca. 1½ Stunden.

Marga Rupp, Stuttgart

»Der Wohlstand des Klosters Maulbronn artete zuletzt in Wohlleben aus, und ein schamloser Witz der Mönche hat sich darüber selbst ein Denkmal gesetzt. Oben im Vorhof der Klosterkirche ist nämlich unter anderen Verzierungen im Gewölbe eine Gans am Bratspieß angebracht, mit Würsten, Flaschen und einer dazu komponierten Fuge samt unterlegtem Text: A.V.K.L.W.H. Das soll heißen: alles voll, keiner leer, Wein her.«

Hochzeits-Meerrettich

3 gestrichene EL Mehl
½ l frische Milch
3 Eier
1 Prise Salz
1 große Prise Zucker (nach Belieben mehr)
1 bis 2 EL frisch geriebener Meerrettich
1 Stückchen Butter

Für einen Hochzeitsmeerrettich, der gern zu Siedfleisch gegessen wird, rührt man das Mehl mit Milch und Eigelb zu einem glatten dünnen Teigle an. Den Rest der Milch mit dem Salz, dem Zucker und dem geriebenen Meerrettich langsam zum Kochen bringen, die Butter zugeben, vom Feuer nehmen und das Teigle unterrühren.
Das Ganze unter fleißigem Rühren auf kleiner Flamme vorsichtig aufkochen, in eine vorgewärmte Schüssel schütten und den inzwischen geschlagenen steifen Eischnee darunterheben.

Fridl Uwira, Sternenfels

Gebackene Froschschenkel

3 Dutzend Froschschenkel
2 l Milch
Salz, Pfeffer
1 Tasse Mehl
3 Eier
1 Tasse Semmelbrösel
150 g Butter
Petersilie
Zitrone

Die enthäuteten Froschschenkel legt man 2 Stunden in die Milch. Danach entnimmt man sie, würzt sie und paniert sie mit dem Mehl, den gequirlten Eiern und den Semmelbröseln. In Butter backt man sie in der Pfanne goldgelb und garniert mit Zitrone und Petersilie. Man kann auch mit etwas Knoblauch würzen.

Hans Schuster, Göppingen

Herausgebackenes Kaninchen

1 Kaninchen	*2 Eier*
Salz und Pfeffer	*1 Tasse Weckmehl**
Zitronensaft	*Backfett*

Das Kaninchen zurichten, in kleinere Teile zerlegen und mit Pfeffer, Salz und Zitronensaft einreiben. In den zerschlagenen Eiern und Weckmehl wenden und in heißem Backfett schwimmend herausbacken.
Wenn das Tier nicht mehr ganz jung ist, zuerst in Salzwasser zehn Minuten kochen, auf einem Sieb abtropfen, mit Zitrone und Gewürz einreiben und etwa eine Stunde ziehen lassen. Weitere Zubereitung wie oben.

* Semmelbrösel

Marianne Kolb, Backnang

Thaddäus Troll (»Deutschland, Deine Schwaben«): »Die Vorliebe für Linsen und Spätzle habe ich mit dem ehemaligen Bundeskanzler Kurt Georg Kiesinger gemeinsam.«

Wenn schon der Braten etwas Besonderes ist, so hat Wild bereits einen Hauch von Luxus an sich. Vielleicht kam darum nur eine ganz kleine Auswahl aus dem Jagdrevier:

Wildschweinbraten

5 Pfund Wildschweinschlegel
2 Zwiebeln
1 l Essig
5 Wacholderbeeren
3 Nelken
Suppengrün
½ l Rotwein
Fleischbrühe
100 g Butter
300 g geriebenes Schwarzbrot
Zimt
1 TL Zucker

Der Schlegel wird im Wasser gut abgebürstet, auf der Oberfläche werden Karos eingekerbt und das Fleisch einige Tage mit Zwiebelringen, Essig und Wacholderbeeren, Nelken und Suppengrün mariniert.
Man setzt den Braten im eigenen Fett an, löscht mit Rotwein, Fleischbrühe und Gewürzen ab und brät ihn unter Begießen bei mäßiger Hitze ca. drei Stunden.
Die Butter läßt man zergehen, mischt sie mit dem geriebenen Schwarzbrot, einer Prise Zimt und dem Teelöffel Zukker und bestreut das Fleisch dick damit. Danach läßt man die Kruste noch eine halbe Stunde im Backofen backen.
Bei Tisch wird tranchiert. Dazu gibt es Knödel und Feldsalat.

Dieter Eberle, Filderstadt

Gespickter Rehrücken

(zum Foto bei Seite 64)

1 Rehrücken, ca. 2 kg
1 l Buttermilch
Salz, Pfeffer, Wacholderbeeren
150 g Speck
50 g Butter
1 Zwiebel
1 Lorbeerblatt
1/8 l Rotwein
1/8 l Sauerrahm
1 EL Mehl
Preiselbeerkompott

Den Rehrücken enthäuten und zwei Tage in Buttermilch legen. Dann mit Salz, Pfeffer und zerdrückten Wacholderbeeren einreiben und mit Speckstreifen spicken.
Damit der Rehrücken beim Braten nicht krumm wird, stekke man eine lange Stricknadel in das Fleisch. Den restlichen, in Scheiben geschnittenen Speck in der Fettpfanne anbraten und den Rehrücken darauflegen und mit der gebräunten Butter übergießen.
Das Fleisch in die vorgeheizte Backröhre schieben und etwas heißes Wasser darübergießen. In das Backfett noch einige zerdrückte Wacholderbeeren, ein Lorbeerblatt und die Zwiebel geben. Das Fleisch muß fleißig mit dem Bratfett übergossen werden. Nach etwa einer Stunde übergieße man den Braten mit Rotwein und dicker Sahne und lasse ihn noch ca. 10 Minuten im abgeschalteten Herd stehen.

Den Rehrücken tranchieren: Man löst auf beiden Seiten des Rückgrats das Fleisch ab, schneidet es in schräge Scheiben und legt diese wieder auf das Knochengerüst. Den Braten mit Birnenhälften, die mit Preiselbeeren gefüllt sind, garnieren. Der durchgesiebte Bratensaft wird mit etwas Mehl gebunden, mit Salz und wenig Preiselbeerkompott und evtl. noch etwas Wein abgeschmeckt.
Dazu handgemachte Spätzle und Preiselbeeren.

Hedwig Nüssle, Schorndorf

Gebeizter Rehbraten

1 kg Rehbraten (Schlegel, Bug oder Ragout)
1 Flasche Rotwein
2 Lorbeerblätter
2 Nelken
2 große Zwiebeln
2 Tomaten oder Tomatenmark
½ Tasse Essig
1 Tasse Wasser
1 Prise Zucker
Salz, Pfeffer
1 Prise Estragon
Mehl zum Binden
¼ l süße Sahne

Aus Rotwein, Lorbeerblättern, Nelken, Zwiebeln, Tomaten, Essig, Wasser, Zucker, Salz, Pfeffer und Estragon eine Beize bereiten. Den Rehbraten etwa drei Tage einlegen.
Fleisch gut abtropfen lassen, gut anbraten, Zwiebeln mitbräunen und ablöschen. Die Beize hinzugeben und garen lassen. Sauce mit Mehl binden, abschmecken, evtl. etwas nachwürzen und durchseihen*. Das in Scheiben geschnittene Fleisch, Sahne und nach Belieben Pfifferlinge in die Sauce geben und nochmals leicht durchkochen.
Dazu handgemachte Spätzle, Preiselbeeren und Kopfsalat.

* passieren

Ingeborg Karpf, Heilbronn

»Esset ond saufet zua, in fuffzig Jahr isch koi Arschbacke meh von ons do.«

Bäuerische Aufforderung,
es sich schmecken zu lassen

Im Jahr 1541 schlugen sich zwei hochehrwürdige Domherren, Philipp Graf von Hohenlohe und Peppo Graf von Henneberg, wegen eines Hasen, den ersterer aufgejagt und letzterer geschossen hatte. Es kam darüber zu einem Zweikampf. Hohenlohe siegte, und Henneberg mußte 2000 Gulden ins Oehringer Spital zahlen.

Hasenpfeffer

1 halber Hase samt Innereien und Kopf
1 Zwiebel
50 g Butter
3 EL Mehl
etwas Fleischbrühe
1 Lorbeerblatt
Wacholderbeeren
1 EL Koreander
Grünzeug
Zitronenschale
Salz

Beize:
1½ Wasser und 1 Tasse Essig

Aus 1½ l Wasser mit Essig macht man eine Beize, indem man es zusammen mit den Gewürzen aufkochen läßt. Nach dem Erkalten der Beize werden die gewaschenen und zerkleinerten Stücke des Hasens ohne die Leber eingelegt. Etwa 2 bis 3 Tage liegenlassen.
Dann kocht man das eingebeizte Fleisch in der Beize weich und entnimmt die Fleischstücke. Es wird eine Einbrenne gemacht und der Beizsud langsam hineingerührt. Kurz aufkochen lassen und alles abseihen. Die Fleischstücke legt man dann in die heiße Brühe wieder ein und läßt sie ziehen. Servieren mit Kartoffelknödeln.

Alberta Gretsch, Stuttgart

Früher einmal waren Innereien billig und darum für die sparsame Hausfrau wichtig. Aus dieser sagenhaften Zeit stammen auch die folgenden Rezepte:

Leber sauer

500 g Kalbsleber
40 g Fett
1 Zwiebel
30 g Mehl
1 EL Essig
Salz, Pfeffer
3 EL Wein

Gehäutete Leber in Scheiben schneiden, in heißem Fett mit Zwiebel drei Minuten anbraten, Leber herausnehmen. In dem Fett röstet man das Mehl braun, löscht mit Essig, Wein und etwas Wasser ab, gibt die Gewürze und Essig zu und läßt die Sauce eine halbe Stunde kochen. Dann die Leber zugeben und einmal mit dem Wein aufkochen.

Anne Schneider, Stuttgart

Leberspätzle

500 g gehackte Leber
2 Eier
3 EL Mehl
1 Zwiebel, fein geschnitten
1 Bund Petersilie, fein gehackt
Salz, Pfeffer, Muskatnuß

Alle Zutaten gut durchmischen. Dann mit einem Teelöffel kleine Klößchen formen, diese in heißem Wasser etwa zehn Minuten ziehen lassen. Danach werden die Klößchen in heißem Fett auf beiden Seiten gut angebraten.
Dazu reicht man Kartoffelsalat.

Roswitha Decker, Berglen

Leberknödel

5 alte Brötchen
1 Tasse Milch
1 Zwiebel
20 g Butter
Petersilie
Muskatnuß
Paprika edelsüß
Salz
100 g Tatar
200 g gehackte Leber
125 g gekochter Spinat
2—3 Eier
Haferflocken

Vier bis fünf Blechwecken*, vier bis fünf Tage alt, in kleine Würfel schneiden. Eine Tasse Milch, gut warm, darüberschütten, zudecken. Eine große Zwiebel schneiden, Butter in die Pfanne tun, Zwiebelwürfel darin glasig werden lassen. Frische oder getrocknete Petersilie, Muskat, Paprika, Salz, Tatar, gehackte Leber, Spinat, Eier zusammen mit dem Brot mischen, gut mit der Hand durcharbeiten und mit Haferflocken binden, soviel wie nötig ist. Dann den Teig etwas ruhen lassen.
Im größeren Topf Wasser zum Sieden bringen, salzen, dann mit einem Eßlöffel den Teig abstechen, ein paarmal gegen die Wand der Schüssel schlagen und ins Wasser einlegen. Oder die Hände naß machen und Knödel formen, einen nach dem andern. Wenn man die Knödel mit dem Löffel macht, vorher denselben in das kochende Wasser tauchen. Einen bis zwei Knödel kann man mit Fleischbrühe oder mit der Kochbrühe, zusammen mit einigen Tropfen flüssiger Würze, als Suppe essen. Die anderen Knödel ißt man mit dem Kartoffelsalat, den man vor dem Essen mit Ackersalat oder Endiviensalat, sehr fein geschnittenen, gemischt hat.

* Brötchen

Emilie Dallinger, Stuttgart

Saure Nierle

500 g Rinds-, Kalbs- oder Schweinsnieren
40 g Butter oder anderes Fett
1 kleine Zwiebel
2 EL Mehl
2 bis 3 EL Wein
1 EL Essig
etwas Bratensauce
Zitronensaft
Salz, Pfeffer

Die Nieren eine Stunde wässern. Dann wird das Fett entfernt und diese in feine Scheiben geschnitten. In der heißen Butter dämpft man die feingeschnittene Zwiebel hellgelb, gibt die Nieren zu und läßt sie so lange dämpfen, bis sie nicht mehr rot aussehen, röstet auf der Seite das Mehl mit, löscht mit Wasser oder Fleischbrühe ab, gibt Wein, Essig, Zitronensaft und Bratensauce zu und läßt die Nieren noch fünf Minuten in der Sauce kochen.
Bei Nieren und Leber darf Salz erst vor dem Anrichten zugegeben werden, da sie sonst hart werden.

Heidi Dosch, Schwäbisch Gmünd

Joseph Victor von Scheffel (1826–1886) brachte in einem Gedicht die beim Zavelstein im Schwarzwald heute noch üppige Krokusvegetation in Zusammenhang mit der Safrankultur der römischen Kolonisten in dieser Gegend. Er besingt das Safrangärtle einer Römerfrau im Schwarzwald:

Saft den Süpplein ihrer Küche,
Herzarznei für böse Sucht,
Dunkeln Locken Wohlgerüche
Zog sie aus der edlen Frucht.
Und im Anhauch dieser Blume
Schritt sie, wenn der Frühling nah,
Opfernd zu dem Heiligtume
Der Diana Abnoba.

(Bei den Römern war die Blume der Diana gewidmet, der Schutzgöttin der Ehe.)

Hirnschnitten

1 Kalbshirn
30 g Butter
1 Zwiebel
etwas Milch
2 alte Brötchen
2 Eigelb
Salz, Pfeffer
Semmelscheiben

Das Kalbshirn wässern und reinigen. In etwas Butter mit feingewiegter Zwiebel anbraten, dann fein hacken. Zwei geschälte, in Milch eingeweichte Brötchen mit zwei Eigelb gut verrühren, etwas Salz und Pfeffer dazu, mit der Hirnmasse vermischen. Dick auf Semmelscheiben streichen. Anschließend hellbraun auf beiden Seiten in der Pfanne anbraten, mit der Hirnseite zuerst.

Lisa Warzawa, Mühlacker

Gespickte Briesle

Die Briesle werden gewässert, daß das Blut herausgezogen wird. Dann in kochendem Salzwasser einige Male aufwallen lassen und in kaltem Wasser etwas abkühlen. Nun schneidet man die Röhre und alles Hautige ab und spickt die Briesle schön. In heißer Butter läßt man sie leicht anbraten, begießt sie mit halb Bratensauce, halb Fleischbrühe, daß sie beinahe bedeckt sind, stellt sie in den heißen Ofen und läßt sie 20 Minuten gut kochen. Wenn die Brühe beinahe eingekocht ist, begießt man die Briesle nochmals mit der Sauce, um sie zu glasieren.

Margarete Ansel, Weil der Stadt

Kutteln, das heißt die Kaldaunen, Vormägen von Wiederkäuern, sind auch Fleisch, vor allem, wenn sie so schmackhaft und vielseitig zubereitet werden:

Sauerkutteln

2 Pfund Kutteln
1 Zwiebel
2 EL Essig
1 EL Fett
3 EL Mehl
¼ l Fleischbrühe
Gewürze

Die Kutteln werden gewaschen, dann in Salzwasser weich gekocht und in feine Scheiben geschnitten. Man gibt die feingeschnittene Zwiebel zu und übergießt sie mit nicht zu saurem Essig. Dann macht man mit Fett und Mehl eine dunkelgelbe Mehlschwitze, löscht mit etwas Essig und Fleischbrühe ab, gibt Salz, Zitronenscheibe, Zwiebel, Nelke und Pfeffer zu und läßt die Kutteln noch kurz in der Brühe aufkochen.

Kurt Dippon, Mühlacker

Geröstete Kutteln

500 g weichgekochte und feingeschnittene Kutteln
1 Ei
2 EL Schmalz

Man nehme die vorgerichteten Kutteln und vermische sie mit einem verquirlten Ei, backe sie in heißem Schmalz wie geröstete Spatzen. Garzeit etwa zehn bis fünfzehn Minuten.

Sigrid Herrmann, Oppenweiler

Rehrücken (Rezept Seite 57) ▷

Leber, Lunge,
Herz und Zunge,
Bries und Hirn,
Milz und Nier'n,
Kuttle und Magen
hat noch jeder gut vertragen.

(Metzgerstrophe zum Lob der Eingeweide)

Saure Kutteln mit Bratkartoffeln

500 g Kutteln
50 g Butter oder Schmalz
1 Zwiebel
Salz, Pfeffer
1 TL flüssige Würze
Fleischbrühe
1 Lorbeerblatt
*1 Tasse dicker saurer Rahm**
1 EL Essig
1 kg gekochte kalte, in Stücke geschnittene Kartoffeln
1 EL Schweineschmalz
1 Zwiebel
Petersilie, Salz, Pfeffer

Die gewaschenen, weichgekochten Kutteln in feine, fingerlange Streifen schneiden. In dem heißen Schmalz oder der Butter die Zwiebelscheiben hellgelb dämpfen, die Kutteln, Salz, Pfeffer und flüssige Würze zugeben und kurz schmoren lassen. Mit etwas Brühe oder Wasser ablöschen, Lorbeerblatt dazugeben und fünf Minuten leicht kochen lassen. Den sauren Rahm daruntermischen, zuletzt den Essig unterziehen.

Dazu Bratkartoffeln: Kartoffeln wie oben vorrichten, im Fett die feingehackte Zwiebel glasig dünsten und dann die Kartoffelrädle hinzufügen. Vor dem Servieren mit Petersilie, Salz und Pfeffer bestreuen. Besonders gut schmecken die Bratkartoffeln, wenn sie nicht auf einmal, sondern portionsweise gebraten werden, und zwar so, daß sie an der unteren Seite leicht anbacken, also braun sind.

* Sahne

Sieglinde Harrer, Vaihingen

◁ *Schwäbisches Nationalgericht: Spätzle (Rezept Seite 88) und Kässpätzle (Rezept Seite 90)*

Mit Fisch haben sie's nicht so arg, die Schwaben. Er kommt oft von so weit her. Man ißt mehr Süßes am Freitag, wenn man kein Fleisch essen darf.
Aber der einfachste Seefisch, der Schellfisch, der heute auch nicht mehr billig ist, kann sich zum Beispiel noch einer speziellen Machart hierzulande rühmen:

Schellfisch

Wasche den Fisch mehrmals ab, schuppe ihn sauber, nimm ihn aus, lege ihn in eine Kasserolle, in der sich ein durchlöcherter Rost befindet, gieße kaltes Brunnenwasser mit ziemlich viel Salz dazu und laß ihn nur immer am Kochen stehen. Sobald es Bläschen bekommt, gieße nur immer kaltes Wasser hinzu. Laß den Fisch wohl eine halbe Stunde so, nimm ihn auf die Schüssel, gib heiße Butter, mit oder ohne Senf, hinzu nebst Salzkartoffeln.
Hierzu paßt auch eine Holländische Sauce, Béchamel-, Sardellen- oder Kräutersauce. Hat man keine Kasserolle, die groß genug ist, um den Fisch ganz hineinzulegen, so schneidet man ihn in dreifingerbreite Stücke und bereitet ihn im übrigen, wie oben angegeben ist.

Gertrud Bieser, Schwäbisch Gmünd

Schwangerer Karpfen

2–3 Pfund Karpfen
200 g Bratwurstbrät
1 Ei
½ Zwiebel
½ Knoblauchzehe
1 EL gehackte Petersilie
gekörnte Brühe
Majoran
Öl oder Butter zum Braten
50 g Speck
*Reibbrot**
Butterflöckchen
50 g Mandelsplitter

Ein Karpfen von zwei bis drei Pfund wird sauber ausgenommen und ausgespült. 200 g Bratwurstbrät wird mit einem Eigelb, einer halben feingehackten Zwiebel, einer halben zerdrückten Knoblauchzehe, einem Eßlöffel gehackter Petersilie, etwas gekörnter Brühe, Pfeffer, Majoran vermischt. Den Karpfen füllen und zunähen.
In einer Pfanne etwas Öl oder Butter erhitzen und den Karpfen hineinsetzen. Die Oberfläche des Karpfens mit durchwachsenen Räucherspeckscheiben belegen und dick mit Reibbrot bestreuen. Im Backrohr langsam garen, nach 20 Minuten Butterflöckchen und Mandelsplitter aufstreuen. Nochmals einschieben und goldbraun fertig bakken. Auf warmer Platte mit Petersilie und Zitronenecken und mit einer Brattomate anrichten.

* Semmelbrösel

Waltraud Senkbeil, Böblingen

Namenstag des Herzogs Eberhard Ludwig von Württemberg am 23. März 1722:
Die Tafel war wie ein See arrangiert, aus diesem schossen 40 Strahlen Wasser empor und zwischen ihnen schwammen Fische und Enten. Um den See war ein Pomeranzen- und Zitronengarten, in welchem 48 Personen speisten und 148 Speisen aufgetragen wurden.

Stockfisch mit Kartoffeln

Rohe, geschälte Kartoffeln in Stücke schneiden, gewässerten Stockfisch ebenfalls in Stücke schneiden und zusammen mit den Kartoffeln in Wasser gar kochen. Sind Kartoffeln und Fisch weich, dämpft man reichlich in Streifen geschnittene Zwiebeln in Öl goldgelb und schmälzt damit das Gericht, bestreut mit gehackter Petersilie und gibt grünen Salat dazu.
Selbstwässern von Stockfisch: Er ist in der Markthalle als Baccala erhältlich. Fisch in einem Eimer mit kaltem Wasser ca. fünf Tage wässern, zwei- bis dreimal täglich das Wasser erneuern.

Brunhilde Proietto, Stuttgart

Aufgerollter Aal

Von einem großen, abgezogenen Aal schneidet man den Kopf und Schwanz weg, worauf man den Bauch der Länge nach ganz aufschneidet, dann sauber ausnimmt und vorsichtig entgrätet. Mit Salz gut eingerieben, läßt man den Fisch einige Stunden liegen, worauf man ihn sauber wäscht und gut abtrocknet.
Hernach hackt man vier bis fünf hartgekochte Eier, Petersilie, Schalotten, Thymian, Majoran und einige entgrätete Sardellen recht fein und streicht dies, recht gut untereinandergemengt, über die inwendige Seite des Aals, rollt ihn, am Kopfende beginnend, fest auf und umschnürt ihn mit Bindfaden.
Nun läßt man Butter in einem Brattopf zergehen, gibt den aufgerollten Aal hinein und läßt ihn von allen Seiten gut weich braten. In die Sauce gibt man noch etwas Wein und dickt sie etwas ein. Dazu reicht man Petersilienkartoffeln und Salatherzen in feiner Sahnekräutersauce.

Erna Schotter, Stuttgart

Der Knöpfleschwab ist zwischen Baum und Spieß eingeklemmt wie ein Treibkeil, und jetzt kann keiner vor- und rückwärts.

Das Vesper ist heilig im Schwabenland. Vespern tut man morgens oder nachmittags, am besten beidemal. Die gute Hausfrau holt das Vesper nicht nur beim Metzger, sondern kann es auch selber zubereiten:

Preßkopf

1 Kalbsfuß oder ½ Ochsenfuß
1 Schweinsfüßle mit dazugehörigen Knöchle
1 gebeiztes Kalbs- oder Schweinszüngle
1 Schweinsrüssele

mit einem halben Schoppen Rotwein und einem halben Glas Essig und einem halben Glas Wasser einlegen, daß die Brühe drübergeht. Dazu

2 große Zwiebeln
*1 gelbe Rübe**
½ Stengel Lauch
1 kleines Lorbeerblatt
3 Pfefferkörner
*2 Nägele***
1 kleines Zitronenrädle
¼ Selleriewurzel
etwas Salz

Alles zusammen so lange kochen, bis das Fleisch weich ist. Fleisch herausnehmen. Brühe durchseihen*** und kalt stellen. Fleisch klein schneiden und pfeffern. Am andern Tag Fett von der Sulz abnehmen, wieder erhitzen, das Geschnittene hineingeben und in flache Formen füllen, die zuvor kalt ausgespült werden.

* Möhre
** Nelken
*** passieren

Annerose Stiel, Grafenau

Tellersülze

2 Pfund Schweinsknöchle
1 Pfund mageres Schweinefleisch
1 Schweinszunge
2 Kalbsfüße
Essig, Salz, Pfefferkörner
1 Lorbeerblatt
2 Nelken

Alles zusammen wird in genügend Wasser, Essig und Salz nach Gutdünken weichgekocht. Pfefferkörner, Lorbeerblatt und zwei Nelken dazugeben.
Wenn das Fleisch weich ist, wird es schön verteilt auf die Suppenteller gegeben. Zur Verzierung kann man noch Scheiben von hartgekochten Eiern dazulegen. Die Brühe läßt man inzwischen weiter- und einkochen, dann erkalten lassen. Fett abschöpfen, die Brühe wieder erwärmen, abschmecken, durch ein Tuch seihen* und über das Fleisch gießen, dann erkalten lassen.

* passieren

Irma Klein, Stuttgart

Johann Wolfgang von Goethe: »... ist man als Fremder erstaunt über die ungeheure Fruchtbarkeit dieses Landes. Auf der ganzen Tour von Heilbronn bis Stuttgart ist kein Fuß breit Landes ungenützt. Und auch die Hauptstadt liegt in einem Kranz von Bergen, die alle bebaut sind, mitten in Gärten und Weinbergen, wo ich mich gestern zum ersten Mal seit langer Zeit wieder in fürtrefflichen Mirabellen sattgegessen habe.«

Saumagen

1 großer Saumagen (Schweinemagen)
*8 Wecken**
Fett
2 große Zwiebeln
1 Bund Suppengrün (viel Petersilie)
3 Zehen Knoblauch
4 Pfund gemischtes Hackfleisch
4 Eier
Salz, Pfeffer, Muskat
1 EL Weißmehl

Saumagen innen und außen mit Salz abreiben und mit Wasser abwaschen. Dann die Fülle bereiten: Wecken einweichen, ausdrücken und in Fett andämpfen. In eine Rührschüssel geben. Dann feingeschnittene Zwiebeln, das Suppengrün und die Knoblauchzehen auch andämpfen und zu den Brötchen geben. Mit dem Hackfleisch, den Eiern, den Gewürzen und dem Weißmehl zur Fülle verarbeiten. Den Saumagen füllen und verschnüren.
Der Saumagen wird nun mit reichlich Wasser aufgesetzt und zum Strudeln gebracht. Beim Kochen immer wieder mit einer Stricknadel einstechen, sonst reißt der Magen auf. Kochzeit ca. $^3/_4$ Stunde, je nach Größe. Eine große Brotkachel** vorbereiten. Fett erhitzen und den gekochten Saumagen hineinlegen. Zwei Stunden in der Backröhre brutzeln lassen, immer wieder mit Fett übergießen. Die Sauce aus dem Bratensaft erstellen. Der Saumagen kann warm oder kalt gegessen werden.

* Brötchen
** Backform mit hohem Rand

Detlev Herre, Herrenberg

Ochsenmaulsalat

1 Ochsenmaul
Salz, Pfeffer
Zwiebeln
Essig, Öl

Das sauber geputzte, im Salzwasser gekochte Ochsenmaul wird, solange es noch warm ist, ausgebeint und ins kalte Wasser gelegt. Hernach wird es in kleine, feine Scheiben geschnitten, mit Salz, Pfeffer und feingeschnittenen Zwiebeln bestreut und mit Essig und Öl vermengt.
Wird der Salat längere Zeit aufbewahrt, so wird er in einen irdenen Topf gebracht, beschwert, und erst vor Gebrauch werden geschnittene Zwiebeln und Öl beigefügt. In diesem Falle wird eine halbe Zwiebel, mit Lorbeerblatt und Nelke besteckt, dem Salat anfangs beigegeben.

Doris Pietsch, Backnang

Das pure Gemüse gilt nicht gerade als höchster Genuß. Vom lieben Vieh sollt' halt schon was dabei sein, und sei es auch nur in Form von Speck oder Geräuchertem. Die Beispiele zeigen, wie mit Weißkraut und Spinat verfahren wird.

Sauerkraut

Zwei Pfund Sauerkraut werden, nachdem es etwa acht Tage eingemacht war, in heißem Wasser mit 100 g Schweinefett angesetzt, in dem man es kochen läßt, bis es weich ist. Das Wasser muß immer über das Kraut hergehen, weshalb man ab und zu heißes Wasser nachgießt. Wenn das Kraut weich genug ist, schüttet man die Brühe in eine Schüssel ab, macht 50 g Schweineschmalz oder Gänsefett heiß, dämpft einen Kochlöffel Mehl und eine halbe Tasse Milch, und rührt dies ebenfalls an das Kraut, schüttet die abgegossene Brühe wieder daran und läßt es eine Weile aufkochen.
Wenn das Kraut schon länger eingemacht und zu sauer ist, zieht man es vor dem Zusetzen durch kaltes Wasser. Wird Fleisch im Sauerkraut mitgekocht, so darf man es nicht gleich hineintun, weil es nicht so lange braucht wie das Kraut, um weich zu werden. Zwei geschälte und entkernte Äpfel oder eine rohe, geriebene Kartoffel, im Kraut gekocht, nach Belieben auch ein bis zwei Eßlöffel Weißwein, machen es sehr schmackhaft.

Carl Lang, Schwaz

Laubfrösche

2 Pfund Spinat
3—4 Brötchen
etwas Milch
75 g Butter
1 Zwiebel
Petersilie
Schnittlauch
4 Eier
Salz, Pfeffer, Muskat
1 Tasse Fleischbrühe
2—3 Eigelb
saurer Rahm

Große Spinatblätter werden gewaschen, die Stiele abgeschnitten und in einer Schüssel mit siedendem Wasser gebrüht und zugedeckt. Die Wecken* werden mit Wasser und ein wenig Milch eingeweicht und, wenn sie weich sind, fest ausgedrückt und verzupft. In einem Stückchen Butter dämpft man eine mittelgroße feingeschnittene Zwiebel, Peterling** und Schnittlauch und rührt es an die Wecken nebst vier Eiern, Salz, Pfeffer und Muskat.

Die abgetropften Spinatblätter legt man auf ein Brett und füllt in jedes Blatt einen Eßlöffel von der Fülle und umwikkelt sie so, daß sie auf einer Seite glatt bleiben. Nun zerläßt man in einer flachen Kachel*** ein Stück Butter, setzt die »Laubfrösche« nebeneinander hinein, so daß die zusammengeschlagene Seite unten ist. Man dämpft sie eine Viertelstunde. Oben müssen die Laubfrösche grün bleiben. Dann legt man diese in eine gute Buttersauce, die aus einem Eßlöffel zerlassener Butter, abgeschäumt mit 1 Tasse Fleischbrühe bereitet wird. Nachdem die Laubfrösche eine halbe Stunde darin gekocht haben, nimmt man sie vom Feuer, rührt einige Eigelb mit etwas saurem Rahm**** daran und richtet die Laubfrösche schön an, die glatte Seite nach oben.

* Brötchen
** Petersilie
*** Kasserolle
**** Sahne

Lina Demuth, Stuttgart

Ein Dorfdoktor in Oberschwaben wollte einem Hufschmied vom Fieber helfen. Es wurde aber immer schlimmer. Da begehrte der Kranke nach Sauerkraut. Sauerkraut sei allweil seine Leibspeise gewesen. Der Hufschmied aß das Sauerkraut und wurde gesund. Der Dorfdoktor schrieb in sein Arzneibuch: »Sauerkraut gut fürs Fieber.« Nicht lange darauf geschah es, daß ein Schneider Fieber kriegte. Der Dorfdoktor verordnete dem Schneider sogleich Sauerkraut. Der Schneider starb. Der Dorfdoktor schrieb in sein Arzneibuch: »Aufpassen. Sauerkraut gut für Hufschmied. Nicht gut für Schneider.«

Nach Ludwig Auerbacher (1784—1847),
Verfasser der »Sieben Schwaben«

Krautsalat

Zwei Pfund gekochte Kartoffeln rädelt man zu Salat. In heißem Fett röstet man etwa ein halbes Pfund feingehobeltes Weißkraut schön braun, mischt es unter die Kartoffeln und gibt dazu eine Handvoll warm gemachte Grieben.
Man vermengt das Ganze mit einer Prise Salz, Essig, Öl und etwas heißem Wasser und bringt den Salat schön warm auf den Tisch. Der Salat schmeckt sehr gut zu Schweinebraten.

Marta Kirchner, Leonberg

Krautwickel

10 schöne Krautblätter

Fülle:
½ Pfund Hackfleisch
2 alte Brötchen
2 Eier
Salz, Pfeffer, Muskat
reichlich gedämpfte Zwiebeln
Petersilie
etwas Lauch oder Spinat roh gewiegt

Die Krautblätter werden in Salzwasser halb weich gekocht. Dann streicht man die Fülle darauf, wickelt die Krautblätter zusammen und umwickelt sie mit Faden. In der Kasserolle die Krautwickel nebeneinanderlegen, leicht anbraten und dann mit Wasser oder Brühe ablöschen und etwa 45 Minuten kochen.

Monika Böhmler, Leonberg

Blaukraut

*1 Kopf Blaukraut**
100 g Schweinefett
1 Zwiebel
½ Tasse Fleischbrühe
1 Apfel
3 Gewürznelken
1 Tasse Rotwein
1 EL Johannisbeergelee
Zitronensaft
Salz und Pfeffer
1 EL Mehl

Aus dem Krautkopf wird der Strunk herausgeschnitten und das Kraut gehobelt und gewaschen. Im Fett die Zwiebel dünsten, mit Fleischbrühe ablöschen, dann das Kraut mit dem in Scheiben geschnittenen Apfel und die Gewürznelken dazugeben, mit Rotwein aufgießen und weich dünsten. Zuletzt das Johannisbeergelee unterrühren, die Sauce mit Mehl binden und abschmecken.

* Rotkohl

Franziska Sommer, Stuttgart

In Deutschland kannte man bis ins 16. Jahrhundert nur den wilden Spargel. Erst um das Jahr 1565 wurden kultivierte Spargelbeete zunächst im Stuttgarter Lustgarten, später um 1578 auch am Niederrhein erwähnt.

Kochkunst und Tafelwesen, 1911

Spargelauflauf

1 kg gekochte Kartoffeln
550 g Spargel
100 g gekochter Schinken
Petersilie
4 EL Reibkäse
2 Tassen weiße Sauce
Salz, Pfeffer, Muskat
1 Eigelb
1 EL Butter

In eine gebutterte Auflaufform abwechselnd Kartoffelscheiben, abgekochte Spargelstücke und Schinken legen. Mit gehackter Petersilie und 3 EL Reibkäse bestreuen.
Die Sauce mit Spargelwasser verdünnen und mit den Gewürzen abschmecken. Mit dem Eigelb legieren und über das Gericht gießen. Mit Reibkäse und Butterflöckchen bestreuen und im Ofen überbacken.

Doris Schalk, Stuttgart

Gold und Silber

500 g weiße Bohnen
*1 kg gelbe Rüben**
500 g Schweinefleisch
1 kg Kartoffeln
50 g Speck
1 Zwiebel
Essig
Knoblauch
Salz

Über Nacht eingeweichte Bohnen werden mit Wasser aufgesetzt und ½ Stunde vorgekocht. Dann schneidet man die gelben Rüben in Streifen, das Schweinefleisch in Würfel und gibt beides zu den Bohnen. In der letzten halben Stunde fügt man die in Würfel geschnittenen Kartoffeln hinzu. Den Speck und die Zwiebel schneidet man in feine Würfel und bräunt sie goldgelb. Kurz vor dem Anrichten gibt man diese an das Gericht und schmeckt mit Salz, Knoblauch und Essig ab. Die Gesamtkochzeit ist 1½ Stunden. Das Gericht darf nicht zu wenig Flüssigkeit haben, da die Bohnen viel Feuchtigkeit aufnehmen.

* Möhren

Gabi Berger, Schorndorf

»Esse ond Trinke hält Leib ond Seel z'samme.«
Schwäbisches Sprichwort

Schwarzwurzeln

(»Armeleutespargel«)

500 g Schwarzwurzeln
2 EL Butter
2 EL Mehl
Pfeffer, Salz, Muskat
*2 EL süßer Rahm**

Die Wurzeln waschen, abschaben und in 2—3 cm lange Stücke schneiden, sehr dicke Wurzeln auch der Länge nach durchschneiden. Bis zum Gebrauch in kaltes Wasser legen, dem etwas mit Essig angerührtes Mehl beigemengt wurde. Die Schwarzwurzeln in kochendem Salzwasser weich kochen.
Aus der Butter und dem Mehl eine helle Schwitze bereiten und mit Gemüsebrühe ablöschen. Das Gemüse, die Gewürze, den Rahm und nach Belieben 1 Prise Zucker zugeben und alles gut durchkochen. Zur Verfeinerung vor dem Anrichten noch mit Eigelb legieren.
Man kann die Schwarzwurzeln auch in 5 cm lange Stücke schneiden und, wenn sie aus dem Wasser kommen, gut abtrocknen. Dann in einen Pfannkuchenteig tauchen und in Fett goldgelb herausbacken. Mit Petersilie anrichten.

* Sahne

Maria Schieferle, Backnang

1691 wurden im Stuttgarter Alten Schloß »... allwöchentlich 3000 Personen gespeist: die fürstliche Tafel, im fürstlichen Fräuleingemach, im Prinzengemach; im Losament: den fürstlichen Kindtisch, wobei eine Kindhofmeisterin und zwei Präzeptores; ein Tisch im Frauenzimmer, wobei ein Haushofmeister und Herr Vorsteher; ein Kindsstubentisch, woran drei Kammerdiener, eine Kindsfrau, zwölf Kindsmägde, ein fürstlicher Kinderknecht, zwei Waschmägde; ein Jägertisch, woran auch zwei Falkenjungen; ein Dienertisch;

ein Schneidertisch, woran acht Schneidergesellen; ein Tisch mit acht Stallknechten, ein Tisch mit siebzehn Dienstmägden.«

Katzegschrei

Man nehme 1 kg Sauerkraut und koche es weich. Darin werden pro Person etwa 150 g geräucherter, in Scheiben geschnittener Schweinebauch mitgekocht. Würzen nach Belieben.
Aus 12 EL Mehl, 1 gehäuften TL Salz, 3—4 Eiern, etwas Wasser Spätzle machen. Diese nach dem Schwenken gut abtropfen lassen.
In eine feuerfeste runde Form die Hälfte des weichgekochten Sauerkrauts geben, die Hälfte des in Würfel geschnittenen gerauchten Schweinebauchs darüber verteilen, darüber die Hälfte der Spätzle, darüber eine in Ringen hellbraun gedämpfte Zwiebel, dann den Rest des Sauerkrauts und obendrauf den Rest Spätzle.
Den Backofen auf 200 Grad ca. 5 Minuten vorheizen, inzwischen 1 EL Schweineschmalz mit 1 EL Weckmehl* hellgelb bräunen und über die oberste Schicht Spätzle sowie den Rest des in Würfel geschnittenen Schweinebauchs verteilen. Ca. 10 Minuten im Backofen überbacken und heiß servieren.

* Semmelbrösel

Sieglinde Harrer, Vaihingen

Hurgelesbohnen

(Weiße Bohnen)

400 g weiße Bohnen
1 Zwiebel
2 EL Petersilie
40 g Fett
30 g Mehl
Salz, Pfeffer
evtl. Essig

Die Bohnen werden über Nacht eingeweicht, am nächsten Tag in kaltem Wasser ohne Salz aufgestellt, weich gekocht und abgeseiht*.
Die feingewiegte Zwiebel und Petersilie werden im Fett gedämpft, mit Mehl bestäubt und mit dem Kochwasser der Bohnen abgelöscht. Man gibt die Bohnen hinzu, salzt und pfeffert ein wenig und kocht sie nochmals durch. Man kann noch etwas Essig darangeben.

* abgesiebt

Hans Stolz, Vaihingen

Bohnen und Sauerkraut

500 g Bohnen
2 Zwiebeln
100 g durchwachsener Speck
½ Sellerieknolle
Salz, Pfeffer
750 g Sauerkraut
50 g Schweinefett

Die Bohnen sollten schon abends ins Wasser gestellt werden und über Nacht einweichen. Am nächsten Morgen gibt man eine feingehackte Zwiebel, den gewürfelten Speck und den kleingeschnittenen Sellerie zu den Bohnen ins Einweichwasser. Mit Salz und Pfeffer würzen. Dann alles zusammen gar kochen.

Gleichzeitig mit den Bohnen wird das Sauerkraut gar gedünstet. Zuletzt beides vermischen und mit in Fett gebräunter Zwiebel übergießen.

Maria Albert, Heilbronn

Weißkraut

(gedünstet)

1 mittelgroßes Weißkraut
100 g Schweinefett
2 gute EL Zucker
1 Zwiebel
½ Tasse Fleischbrühe
1 Tasse weißen Wein
Salz
Pfeffer
2 EL Kümmel
Essig
1 EL Mehl
120 g Räucherspeck

Vom Weißkraut müssen die äußeren Blätter abgelöst werden; sodann schneidet man es in Viertel und entfernt den Strunk. Kraut fein hobeln und gründlich waschen. In 50 g Schweinefett wird der Zucker gebräunt, ehe die feingehackte Zwiebel dazugegeben wird. Sodann gießt man die Fleischbrühe hinein und mischt das Kraut und den Wein darunter. Nach Geschmack wird mit Salz, Pfeffer, Kümmel und wenig Essig gewürzt. Unter mehrfachem Rühren das Kraut dünsten, bis es weich ist; etwas Mehl anrühren und daran geben. Schließlich das übrige Schweinefett unterrühren, sowie den in Würfel gebratenen Speck über das Kraut geben. Als Beilage eignen sich vor allem Kartoffeln.

Adele Schmidt, Stuttgart

Rote-Rüben-Salat

*500 g rote Rüben**
4 EL Essig
4 EL Wasser
½ TL Zucker
Kümmel
1 kleine Zwiebel
1 Nelke
1 Lorbeerblatt
Salz und Pfeffer

Die roten Rüben bürsten und in Salzwasser weich kochen. Mit kaltem Wasser abschrecken, schälen und mit einem Buntmesser in Scheiben schneiden.
Aus den übrigen Zutaten eine Marinade bereiten, nach Geschmack etwas Öl beifügen. Diese über die roten Rüben gießen und einige Stunden ziehen lassen.
Sollen die Rüben längere Zeit verwendungsbereit aufbewahrt werden, etwa zwei bis vier Wochen, dann nach dem Schälen die Rüben ungeschnitten in einem Steintopf aufheben. Die Zutaten mit Pfefferkörnern aufkochen und über die Rüben gießen, etwas mehr Essig und Wasser als oben nehmen, so daß die Rüben davon bedeckt sind.

* Rote Bete

Monika Decker, Backnang

Teigwaren

Teigwaren sind ein industrieller Begriff. Der Schwabe sagt höchstens Teigwaren, wenn er ein Teigwarenfabrikle besitzt. Sonst sind es Spätzle, Spatzen, breite und schmale Nudeln, Flädle, Pfannkuchen, Maultaschen, Knödel, Knöpfle, Sachen aus Mehl, Mehlsachen. Teigwaren, wenn man es so nennen will, tauchen fast in jedem Kapitel dieses Büchleins auf. Das Kapitel »Freitagsgerichte«, mit Dampfnudeln und Ofenschlupfer, sind vorwiegend Teig- oder Mehlsachen. Das Kapitel »Kuchen, Küchle, Gutsle« sind sämtlich Teig- und Mehlsachen.

Der Mehlgaumen des Schwaben hängt sicherlich auch mit dem Klima zusammen: warm, windstill, mild; heiß im Sommer, später Herbst, sonnig im Winter, ein verhältnismäßig zeitiges Frühjahr. Und die Schwaben hatten sehr früh schon ein gutes Mehl. In Norddeutschland wären Teigwaren auf die Dauer keine stabile Mahlzeit. Man kriegt nach zwei Stunden schon wieder Hunger. Der Körper muß bei uns nicht so viel Nahrung verbrennen wie in rauheren Gegenden. Und typisch für den Schwaben ist seine Wollust auf Spätzle. Es gibt sie in ungezählten Variationen. Er legt Wert darauf, daß der Spätzleteig (Mehl, Eier, Salz) mit der Hand ins kochende Salzwasser geschabt wird. Ob das heute noch in jedem Haushalt geschieht, ist eine andere Frage. Handgeschabte Spätzle freilich sind Idealspätzle. Inzwischen gibt es Spätzlemaschinen, mit denen man den Teig durch ein Kolbensieb drückt, oder Fertigspätzle aus der Fabrik. Eine Menge Schwaben essen in Betriebskantinen. Auch dort wird man Spätzle nicht überall mehr mit der Hand schaben. Aber zur Not lieber ungeschabte Spätzle als gar keine.
Suppennudeln, Suppenausstecherle, Zöpfle oder gedrechselte Nudeln, Spaghetti, Makkaroni: das sind Teigwaren, die man kauft, aber auch nur von schwäbischen Herstellern. Das gibt es, wenn es keine Spätzle gibt. Dann gibt es wieder Spätzle. Dicke, schaumige Pfannkuchen kennt man unter Schwaben wenig. Schwäbische Pfannkuchen sind dünn und teigig. Sie lassen sich mühelos zusammenrollen, werden gefüllt mit gekochten Äpfeln und Rosinen oder mit Gsälz. Und noch dünnere Pfannkuchen, in Streifen geschnitten, das sind Flädle. Sie kommen in die Fleischbrühe, zur Flädlessuppe.
Und noch dünner als Flädle, das sind Maultaschen. Das ist ein Teig, durch den soll man durchgucken können. Er wird mit Brät oder Spinat gefüllt. Das war ursprünglich eine Fastenspeise. Maultaschen werden zunächst gekocht, dann gibt es sie in der Brühe oder geschmälzt oder in Streifen geschnitten und mit Ei überbacken. Maultaschen gab es auch im zaristischen Rußland. Die Königsfamilien der Schwaben

waren lange mit dem russischen Adel verheiratet und verwandt (so wie sich die schwäbischen Fürsten und Herzöge gern ihre Frauen aus Italien holten). Und das alles hat Einfluß auf die schwäbische Küche gehabt. Es gab auch viele Auswanderer in Richtung Rußland. Seither rätseln die Experten: Kam die Maultasche aus Rußland, oder ging sie per Auswanderer und Verwandtschaft nach drüben? Wahrscheinlich wurde aus der schwäbischen Maultasche die russische Maultasche und, parallel dazu, aus der russischen Maultasche die schwäbische.

Knöpfle hinwiederum sind kleine Knödel, sozusagen verschmissene Spätzle, von regentropfengroß bis zur Größe von Eiern. Vermutlich waren das zunächst die Knödel, bis die Knödel in reicheren Zeiten noch größer wurden. Knöpfle und Knödel haben allein für sich eine mindestens 2000jährige Entwicklungsgeschichte. Und Teigsachen haben den Vorteil: ehe man eine Kartoffel verschluckt, hat man mindestens hundert Spätzle vermampft. Dann ist der Hunger weg. Dann kann man in Ruhe essen.

Spätzle

(zum Foto bei Seite 65)

500 g Mehl
3 Eier
Salz
¼ l Wasser
1 EL Öl

Mehl, Eier, Salz zu einem Teig verrühren, Wasser zugeben. Der Teig soll glatt und nicht zu fest sein. Einen großen Topf mit Salzwasser auf den Herd stellen, 1 Löffel Öl hineingeben.
Portionsweise etwas Teig auf ein mit kaltem Wasser abgespültes Holzbrett geben, flachstreichen und mit dem Spätzleschaber oder einem großen Messer in das kochende Wasser schaben. Wenn die Spätzle oben schwimmen, sind sie gar. Man kann den Teig auch durch einen Spätzleseiher* drücken.

* Sieb

Irmgard Huber, Böblingen

Geröstete Spätzle

Dazu müssen die vorher gekochten Spätzle gut abgetrocknet sein. Am schönsten werden sie in einer eisernen Pfanne, welche nie gewaschen, sondern nur mit Papier ausgerieben und in einem Tuch aufbewahrt wird.
Man röstet die Spätzle auf beiden Seiten in Schweinefett und Butter unter Rütteln der Pfanne, bis sie eine schöne gelbe Kruste haben. Dann gibt man ein mit Milch oder saurem Rahm verschlagenes Ei darüber und stürzt alles auf eine Platte.

Sofie Dosch, Schwäbisch Gmünd

Fleischspätzle

Spätzleteig (s. Seite 88)
250 g mageres gekochtes Rindfleisch
1 Zwiebel

In den Spätzleteig wird das Rindfleisch, das in ganz kleine Stückchen geschnitten wurde, zusammen mit der kleingeschnittenen Zwiebel hineingearbeitet. In kochendes Salzwasser schabt man nun den Teig zu mittelfeinen Spätzle, läßt sie einmal aufkochen, nimmt sie mit dem Schaumlöffel heraus und schwenkt sie in heißem Wasser.
Die Fleischspätzle werden in heiße Fleischbrühe getan und als Suppe gegessen. Man kann sie aber auch ohne Brühe zu Kartoffelsalat oder anderen Salaten essen.

Johanna Böttger, Stuttgart

Wurstspätzle

250 g Mehl
1 TL Salz
2 Eier
1/8 l Wasser
150 g Schinkenwurst
1 Scheibe trockenes Weißbrot
etwas Petersilie

Man macht aus Mehl, Salz, Eiern und Wasser einen geschmeidigen Spätzlesteig. Die Schinkenwurst sowie das Weißbrot werden in ganz feine Würfelchen geschnitten und mit der gewiegten Petersilie unter den Teig gearbeitet. Nun gibt man kleine Portionen auf ein Spätzlesbrett und schabt mit einem Messer Spätzle ins kochende Salzwasser.
Die fertigen Spätzle reicht man in Fleischbrühe, oder man gibt sie auf eine Platte und schmälzt sie ab mit in Butter gerösteten Zwiebeln. Dazu gibt es Kartoffelsalat oder grünen Salat.

Else Rall, Nürtingen

Mei Muader, das Luader, macht die Nudle so kloi.
Mei Vater, der Donder, frißt se älle aloi.

Kindervers

Kässpätzle

(zum Foto bei Seite 65)

Richtige Kässpätzle, wie man sie im Allgäu macht, werden nicht vom Brett geschabt, sondern durch einen Salatseiher* mit Löchern von ca. einem halben Zentimeter Durchmesser gedrückt. Beim Spätzlehobel ergeben sich nicht die runden Knöpflespätzle, die eben nur der Seiher machen kann.
Die Spätzle müssen ganz feucht sein, das heißt aus dem kochenden Wasser mit einem Schaumlöffel direkt in eine erwärmte Pfanne oder Auflaufform kommen. Dann erst kann der Käse, der lagenweise dick dazwischengegeben wird, Fäden ziehen. Für Spätzle von 500 g Mehl müssen mindestens 450 g geriebener Käse genommen werden, am besten Schweizerkäse. (Spätzleteig siehe Seite 88.)

* Sieb

Marianne Dilger, Stuttgart

Mache mer Spatze oder fresse mer de Teig so?

Philosophische Frage

Runde Krautspätzle

Spätzlesteig (s. Seite 88)
gekochtes Sauerkraut
etwas Fett
2—3 Zwiebeln

Der Spätzlesteig wird durch den Spatzenmodel* oder einen Seiher** in kochendes Wasser getrieben. Nach einmaligem Aufkochen werden die Spätzle herausgenommen, in heißem Wasser geschwenkt und in eine Gemüseschüssel gelegt. Dann kommt abwechselnd jeweils eine Lage Kraut, eine Lage Spätzle aufeinander. Hernach werden sie mit gedämpften Zwiebeln abgeschmälzt.

* Hobel
** Sieb

Doris Pietsch, Backnang

Spatzen

Außer unseren Spätzle gibt es auch SPATZEN.
Man nimmt drei Wecken*, zerschneidet jeden in 6 Teile, tunkt dieselben in laue** Milch und wälzt sie hierauf in einem steifen Pfannkuchenteig. Dann bäckt man sie in einem Tiegel*** in Butter oder Schmalz gelbbraun und gibt sie zu Gemüse. Spatzen schmecken aber auch mit Zucker und Zimt.

* Brötchen
** lauwarme
*** Kasserolle

H. Bucher, Stuttgart

Lob der Schwabenspätzle (1838 im »Schwarzwälder Boten«)

O gehet hin zum Küchenmädchen,
wie sie den Teig zerklopft und rührt,
und selben auf ein Spätzlesbrettchen
mit ihrem Spätzlesmesser schmiert!
Die Masse wird aus Mehl und Eier
mit lauem Wasser angemacht,
die Schwabenspätzle sind nicht teuer,
was ihren Werth noch größer macht.
Das Wasser sprudelt in der Pfanne,
das Mädchen schneid't sie flink hinein,
so müssen Schwabenspätzle seyn!
Sie werden, wenn sie sich entfalten,
mit einem Löffel aufgefischt
und in verschiedenen Gestalten
den Spätzlesfreunden aufgetischt …

Apfelspätzle

Unter frisch gekochte Spätzle (s. Seite 88) werden nicht zu weich gekochte, feingeschnittene Äpfel gemischt. Nach Geschmack gießt man gesüßte warme Milch darüber.

Gisela Herold, Stuttgart

Kommt ein Bauer aus München des Wegs,
und man kann's ihm auf 100 Schritt ansehen,
wes Landes Kind er ist.

Kindlesbrei

1 l Milch	*2 Eier*
2 EL Mehl	*Salz oder Zucker*
etwas Milch	

Ein Liter Milch wird siedend gemacht. Rühre von 2 Kochlöffeln Mehl und Milch ein dünnes Teigle an, rühre es in die siedende Milch ein und lasse es langsam kochen, bis es eine Scharre* hat. Man kann auch ins Teigle 2—3 Eier geben, nebst Zucker oder etwas Salz.

* dicklich wird

Helene Heinisch, Remshalden

Sebastian Frank (1499 bis 1542) in seinem »Weltbuch« über die Schwaben am Martinstag, 11. November, und zu Nikolaus:
»Sankt Martinus und Sankt Nicolaus celebriert dies Volk wunderlich, doch unterschiedlich. St. Martin im Hauss, ob Tisch. St. Niclas in den Kirchen. Erstlich loben sy St. Martin mit guotem Wein, geussen bis sy voll werden. Unselig ist das Hauss, das nit auf der Nacht eine Gans zu essen hat. Da zapffen sy gar newen Wein an, den sy bisher behalten haben.«

Wir haben dem Einsender nicht das heilige Ehrenwort abnehmen können, ob der Serviettenkloß rein schwäbischen Geblüts ist. Aber weil er so stattlich ist, soll er die Reihe der Knöpfle anführen.

Serviettenkloß

*3 alte Milchwecken**
4 EL Dosenmilch
4 Eier
1 Zwiebel
*Peterling***
60 g Butter
Salz, Muskatnuß

Zuerst schneidet man die Milchwecken in Würfel und gibt sie in eine Schüssel. Man feuchtet die Würfel mit der Milch an und gibt die Eier dazu. Peterling und Zwiebel werden in der Butter gedämpft und hinzugefügt. Nach Belieben würzt man mit Salz und Muskat.
Den gut gemischten Teig gibt man in eine große Serviette. Sie muß so zusammengebunden werden, daß noch Platz zum Aufgehen des Teiges bleibt. Dann hängt man den Knödel in einen großen Topf mit kochendem Wasser. Auf der Seite hängen die Zipfel der Serviette heraus. Man gibt eine Stürze*** darauf. Nach etwa vierzig Minuten ist der Knödel fertig. Am besten schmeckt Sauerbraten dazu.

* Milchbrötchen
** Petersilie
*** Deckel

Otto Geiger, Waldstetten

Der echte Schwabe hat: montags Nudle, dienstags Hutzle, mittwochs Knöpfle, donnerstags Spätzle, freitags gedämpfte Grundbirn, samstags Pfannkuchen, sonntags Brätle und Salätle.

Weber: »Demokrit« (1843)

Schwäbische Knöpfle

*4 altbackene Doppelwecken**
1 große Zwiebel
1 Sträußchen Petersilie
etwas Butter
4 Eier
Knoblauch, Muskat, Pfeffer, Salz
*1 großer Schöpfer*** Mehl*
2 EL Grieß
Milch nach Bedarf
250 g gerauchte Schinkenwurst
oder 250 g gehackte Leber

Wecken kleinwürfelig schneiden. Zwiebeln und Petersilie in Butter dämpfen und mit 4 Eiern, kleingeschnittenem Knoblauch, Muskat, Pfeffer, Mehl, Grieß, Milch und Salz zu der Masse geben. Nur so viel Milch nehmen, bis der Teig fest und klebrig ist. Die kleingeschnittene Wurst oder die gehackte Leber dazugeben.
Ziemlich große Knödel formen, in kochendes Wasser einlegen und bei kleiner Flamme 15 Minuten kochen lassen. Dann herausnehmen und mit dem Messer in der Mitte teilen. Gut abtropfen lassen, auf einer Platte anrichten und mit geröstetem Weckmehl schmälzen.

* Brötchen
** etwa 1 Tasse

Else Löffler, Murrhardt

Einer Bergheimerin (Dillingen/Donau) waren die Knöpfle vergraten, mißlungen. Es fielen ihr ein paar auf den Boden, rollten den Berg hinunter, schlugen bei der Donaumühle das Tor ein und einem Müllerknecht das Bein ab.

Hefeknöpfle

375 g Mehl
1 Ei
etwas Salz
Milch
1/3 Hefewürfel

Aus den Zutaten einen festen Teig machen, 2 Stunden gehen lassen, dann in 3 Stücke teilen und nochmals auf einem gemehlten Tuch etwa zehn Minuten gehen lassen. In Salzwasser zugedeckt 15 Minuten kochen lassen. Es ist sehr wichtig, den Deckel in dieser Zeit nicht zu öffnen.
Die Knödel herausnehmen, in der Mitte zerschneiden. Mit Brotbröseln abschmelzen. Wird zu Sauerkraut, Bohnen, Linsen usw. gereicht.

Edeltraut Nergert, Stuttgart

Hohenloher Bauernknödel

*1 Wecken**
3 Bund Petersilie
1 Paar geräucherte Bratwürste
375 g Mehl
3 Eier
1 TL Salz
Pfeffer und Muskat
1/4 Wasser

Der Wecken, Petersilie und Bratwürste werden kleingeschnitten. Mit Mehl, Eiern, Gewürzen und Wasser wird alles zu einem geschmeidigen Teig verarbeitet. Mit einem Eßlöffel werden Knödel abgestochen und in kochendem Wasser 20 Minuten gar gekocht.
Übriggebliebene Knödel können am nächsten Tag mit verquirltem Eigelb geröstet werden. Man serviert sie mit gemischtem Salat.

* Brötchen

Luise Gailing, Stuttgart

Speckknöpfle

*7 alte Weckle**	*½ l Milch*
125 g geräucherter Speck	*2 Eier*
1 Zwiebel	*Pfeffer, Salz*
1 Handvoll Petersilie	*etwas Mehl*

Sieben altbackene Weckle werden feinwürfelig geschnitten. 125 g geräucherter Speck wird ebenfalls in kleine Würfel geschnitten und mit einer Zwiebel, die sehr fein geschnitten werden muß, angeröstet.
Eine Handvoll Petersilie wird ganz fein gewiegt und mit dem gerösteten Speck über die Brotwürfel gegeben. Übergossen wird das Ganze mit ½ l kochender Milch. Dann kommen noch zwei Eier, Pfeffer und Salz hinzu. Alles gut vermischen und Knödel daraus formen. Diese werden leicht in Mehl gewälzt, damit sie im Wasser nicht zerfallen. Sie kommen in siedendes Wasser und werden so lange gekocht, bis sie an die Oberfläche kommen.
Man kann die Knöpfle in Fleischbrühe essen oder gebraten.

* Brötchen

Irmtrud Sumera, Frankfurt/Main

Mädle mit dei'm Zöpfle
koch mir Kraut ond Knöpfle!
Duer e Stückle Schweiners nei,
was könnt au no besser sei!
Wenn mir Kraut hot ond e Sau
ond e Stemple Mehl,
no wurd's allweil weitergau,
Narr, dia stopfet's Fell.
A Schüssel Kraut am Ovemärge,
des ist e feine Kost,
des ka'scht au no nazwenge,
wenn de suscht gnueg gesse hoscht.

Altes Volkslied zum Schlachtfest
im Schwarzwald

Schwemmklöße

250 g Grieß
4 Eier
Salz

1 l Wasser zum Kochen bringen. Indessen 4 Eier und 250 g Grieß und etwas Salz zusammenrühren. Wenn das Wasser kocht, mit dem Eßlöffel Klöße von der Grießmasse abstechen und einlegen.
Fünf Minuten kochen lassen, dann aus dem Sud nehmen und in sehr viel kaltes Wasser legen. Eine Stunde dort ruhen lassen. Dann für 15 Minuten noch einmal in kochendes Wasser geben, dem ein wenig Salz zugesetzt ist.

Annemarie Schweizerhof, Enzweihingen

Schwäbische Maultaschen

(zum Foto bei Seite 32)

Nudelteig:
300 g Mehl
2 Eier
Salz
2—3 EL Wasser

Auf ein Nudelbrett das Mehl sieben, in die Mitte eine Vertiefung machen. Eier, Salz, Wasser darin verrühren, zu einem festen Teig verarbeiten und tüchtig kneten, bis der Teig glatt und geschmeidig ist. Nun den Teig auswellen.

Fülle:
200 g gekochtes Rindfleisch
oder 200 g Hackfleisch
1 Zwiebel
Petersilie
50 g Butter
2 Eier
250 g fertiges Spinatgemüse
Muskat, Salz
1 EL Semmelbrösel

Gekochtes Rindfleisch in kleine Würfel schneiden oder Hackfleisch verwenden. Feingewiegte Zwiebel und Petersilie in Butter dämpfen, zum Fleisch geben. Die Fülle mit Eiern, Spinat, Salz, Muskat und Semmelbröseln verkneten.

Die Hälfte des Nudelteiges im Abstand von ca. 6 × 6 cm mit Häufchen von Fülle belegen, die Zwischenräume mit Ei oder Wasser bestreichen. Die zweite Hälfte des ausgewellten Teiges darüberschlagen. Die Zwischenräume etwas andrücken, mit einem Rädchen die Vierecke ausschneiden, kurze Zeit ruhen lassen.
Die Maultaschen ziehen lassen. Anschließend sofort mit gebräunten Zwiebeln anrichten oder die Maultaschen abgeröstet zu grünem Salat servieren.
Man kann die Maultaschen auch in einer Fleischbrühe ziehen lassen und sie als Suppeneinlage essen.

Gerda Unger, Rutesheim

Droben am Abhang stehen die 7 Schwaben und lugen hinunter aufs »Wasser« drunten; dabei ist es ein Feld voll Flachs.

Als der pietistische Pfarrer Flattich einmal bei Hofe eingeladen war und als einziger mit ungepuderten Haaren an der Tafel saß, monierte Herzog Carl Eugen diesen Eigenwillen. Der Pfarrer: »Bei allem schuldigen Respekt, i brauch mei Mehl für meine Knöpfle.«

Krautkrapfen

Nudelteig (s. Maultauschen Seite 100)
1 kg Sauerkraut
Salz
1 Zwiebel
50 g Fett oder Speck zum Dünsten
ca. 100 g Fett

Nudelteig herstellen, auswellen, je dünner, je besser. Sauerkraut auflockern, salzen, mit feingeschnittener Zwiebel in heißem Fett oder gewürfeltem Speck andünsten und auskühlen lassen.
Die ausgewellten Fladen damit belegen, rollen, in handbreite Stücke schneiden, in heißes Fett mit einer Schnittfläche nach unten geben und anbräunen. Wasser eingießen, nachsalzen und zugedeckt in ca. $\frac{1}{2}$ Stunde gardämpfen. Mit vielen gerösteten Zwiebeln darüber schmecken sie noch besser.

Käte Ebner, Stuttgart

Theodor Heuss: »Es ist sicher kein Zufall, daß in Württemberg, im Remstal, in Heilbronn und im Hohenlohischen eine große Nahrungsmittelindustrie entstand. Nudel-, Makkaroni-, Suppenfabriken. Sie haben aus kleinen Anfängen zu großen Werken sich entwickelnd, die Bedürfnisse, Gewohnheiten und Erfahrungen ihres Standorts genutzt und zur breiten Geltung gebracht.«

Gefüllte Flädle

Flädle:
375 g Mehl
4 Eier
3/8 l Milch
1 TL Salz
Bratfett

Fülle:
300 g Hackfleisch
1 Ei
1 Zwiebel
Grünzeug nach Belieben
1 fertige Portion Spinat

Aus Mehl, Eiern, Milch und Salz einen Teig herstellen und daraus nicht zu dünne Flädle* backen. Nach dem Wenden einen guten Löffel der Fülle auf dem Flädle verteilen. Das Flädle zu einer Tasche zusammenfalten.
Wenn alle gebacken, mit der bisherigen Oberseite nach unten in die heiße Pfanne legen und kurz zugedeckt stehenlassen.
Dazu ißt man Kartoffelsalat mit Gurke, Endivien- oder Feldsalat gemischt.

* dünne Pfannkuchen

Katharina Loiz, Hochdorf

Ein Schwabe, der vor gar kurtzer Zeit erst vom Fieber genesen, bekam von seinem Medico diese Lection, er solte, weil der Magen noch sehr schwach, wenig aber ofte essen. Nach etlichen Tagen sprach der Medicus bey dem Patienten ein und fragte, wie er sich befinde? Ob er auch seinen guten Rath folgete? Er antwortete aber, heute schiene es etwas besser als die vorigen Tage zu seyn, weil er allweil ein gebratenes Gänsgen gantz alleine abgeklaubet hätte.

Recueil, 1720

Flädlesauflauf

350 g Mehl
5 Eier
¾ l Milch
Salz
500 g Hackfleisch
1 Zwiebel
Salz und Pfeffer
Paprika, Petersilie
¾ l Tomatensauce
etwas Öl

Aus dem Mehl, 3 Eiern, der Milch und einer Prise Salz einen Teig rühren und daraus 12—15 Flädle* backen. Am besten am Abend vorher.
Das Hackfleisch mit 2 Eiern, einer Zwiebel und Petersilie anmachen, mit Salz, Pfeffer und Paprika würzen. Die Masse gleichmäßig auf die Fädle verteilen und glattstreichen. Die Flädle zusammenrollen, in drei gleiche Teile schneiden und in eine gefettete feuerfeste Form mit einer Schnittseite nach unten setzen.
Nun die Tomatensauce darübergießen und kurze Zeit einziehen lassen. Den Backofen auf 200 Grad erhitzen und den Auflauf 60 Minuten backen lassen.
Dazu reicht man Kartoffelsalat.

* dünne Pfannkuchen

Marion Asprion, Vaihingen/Enz

Vor einigen Jahren hat ein Franzose ein Patent für eine rationelle Maccaroni-Fabrikations-Methode erhalten, nach welcher die Maccaroni unter vollständiger Ausschaltung der Berührung mit den Händen der Arbeiter, durch stetige Zuführung frischer Luft getrocknet werden können. Dieses Patentverfahren, das eine bisher unerreichte Güte der Maccaroni gewährleistet, haben für Deutschland und Österreich die Nahrungsmittelfabriken H. C. Knorr AG in Heilbronn erworben.

(Kochkunst und Tafelwesen, 1907)

Flädlestorte

125 g Mehl
1/8 l Milch
3 Eier
Salz
Fett zum Ausbacken
150 g Bratwurstbrät
4 Scheiben gekochter Schinken
5 Scheiben Goudakäse
5 Tomaten in Scheiben
1 hartes Ei in Scheiben
3 EL Parmesankäse

Aus Mehl, Milch, Eiern und Salz einen Teig rühren und 9 Flädle* backen und in eine Kasserolle schichtweise einfüllen. Auf das erste Flädle die Hälfte vom Brät, mit dem 2. Flädle abdecken, darauf die Hälfte Schinken, mit dem 3. Flädle abdecken, darauf die Hälfte Tomaten, mit dem 4. Flädle abdecken, darauf die Hälfte des Käses. Alles nochmals wiederholen.
Obenauf mit Tomaten, Eischeiben und Parmesankäse garnieren.
Bei 250 Grad 30 Minuten lang im Backofen erhitzen. Man kann statt einer Kasserolle auch Alufolie verwenden. Dazu grünen Salat oder frischen Spargel.

* dünne Pfannkuchen

Liesel Häfner, Stuttgart

Rahmmakkaroni

400 g Makkaroni
2 EL Butter
*½ Tasse sauren Rahm**
2 EL Reibekäse
Salz
Paprika
Muskat

In einer Kasserolle die Butter zergehen lassen und die gekochten Makkaroni dazugeben. Dann den Rahm, die Gewürze und den Käse verquirlen und über alles gießen. Zugedeckt auf kleinem Feuer fünf bis zehn Minuten dämpfen. Danach noch im Ofen überbacken. Dazu ißt man grünen Salat.

* saure Sahne

Herbert Wiegandt, Stuttgart

Nudeln

500 g Mehl
4 Eier
Wasser
1 TL Essig
Salz

zum Schmelzen:
2 EL Butter
*1 EL Weckbrösel**

Das Mehl auf ein Nudelbrett häufen. In der Mitte eine Vertiefung machen und die Eier hineinschlagen. Etwas Wasser (wenn man weniger Eier nimmt, dann etwas mehr Wasser), den Essig und etwas Salz zugeben und alles zusammen zu einem Teig kneten. Der Teig muß ziemlich fest sein und beim Durchschneiden kleine Löcher zeigen. Den Teig in fünf bis sechs Teile schneiden und in eine zugedeckte Schüssel legen. Aus den einzelnen Teilen möglichst dünne Nudelfladen auswellen und zum Abtrocknen auf ein sauberes Tuch legen. Sind die Fladen beinahe trocken, dann jeden Fladen zur Hälfte zusammenlegen, aufrollen und in einen Zentimeter breite Streifen schneiden. Für Suppennudeln macht man entsprechend schmalere Streifen. Die Nudeln ausgebreitet zum Trocknen auslegen. Dann in kochendem Salzwasser 10 Minuten kochen und auf einem Sieb abtropfen lassen. Beim Anrichten mit gerösteten Weckbröseln bestreuen.

* Semmelbrösel

Helene Mühler, Freiburg

Kartoffelgerichte

Der Schwabe hat ein gestörtes Verhältnis zu Kartoffeln. Das ist historisch bedingt. Man hat ihm die Kartoffeln aufgezwungen, das kann er nicht leiden. Das war vor etwas mehr als 200 Jahren, als der Preußenkönig Friedrich der Große durch sein Kartoffelverdikt die Kartoffel in Deutschland heimisch machte. Außerdem war Friedrich der Große der Ziehvater des Schwabenherzogs Carl Eugen. Und der wieder verstand sich so gar nicht mit seinen Schwaben.

Er hatte Weiber, er machte Schulden, er ließ ein Schloß nach dem anderen bauen: das neue Schloß in Stuttgart, Schloß Monrepos in Ludwigsburg, Schloß Solitude, Schloß Hohenheim. Er zwang jeden Bauern zur Fronarbeit, den er kriegen konnte. Ohne Rücksicht. Ohne Lohn. Und jetzt auch noch der Ärger mit den Kartoffeln. Die Kartoffeln kriegte die Sau. Dann passierte etwas anderes: es kam ein Hungerjahr (1772), in dem es plötzlich bloß noch Kartoffeln gab. Und nun mußte der Schwabe das essen, was bisher die Sau fraß. Das hat ihn unheimlich beleidigt. Man kann sich vorstellen, wie er auf seiner ersten Kartoffel herumkaute.

Kartoffeln sind Kartoffle, Erdäpfel, Ebbira (Erdbirnen), Grommbira (krumme Birnen, Grundbirnen). Eigentlich sind sie überflüssig als Beigabe wegen der vielen Teigwaren. Mehltruhen in schwäbischen Haushalten gab es schon vor 1500 Jahren. Wenn Kartoffeln, dann mußte man sie verfremden. Beispielsweise als Salat, mit Essig, Öl und Zwiebeln, was man aus Mehl nicht machen kann.

Der Kartoffelsalat wurde eine der sieben großen schwäbischen Erfindungen (Liberalismus, Mineralwasser, Spätzle, Auto, Zeppelin, Einsteins Relativitätsheorie, Kartoffelsalat). Für den Kartoffelsalat nimmt die schwäbische Hausfrau nur eine ganz bestimmte, inzwischen umgezüchtete Kartoffel. Da ist nichts mehr vom Preußenkönig mit drin. Der Kartoffelsalat muß schlicht und schmotzig sein: ölig.

Salzkartoffeln und Kartoffelbrei sind für einen Schwaben fantasielos. Da steckt kein Fleiß dahinter. Pommes frites oder Kartoffelpuffer ißt er im Urlaub, als Ersatz für Kartoffelsalat. Man kann die Kartoffel so lassen, wie sie ist: in der Schale gekocht und aufgesprungen, vergleichbar mit den heutigen Feinschmeckerkartoffeln aus der Folie. Die sind nicht neu. Neu ist bloß das Silberpapier. Und die Reklame.

Und wenn, dann als Bratkartoffeln, wie zu sauren Nierle, dann so fein gehobelt wie mit dem Rasiermesser. Der Schwabe als Teigspezialist vermischte zudem die gekochte Kartoffel mit Mehl. So entstanden die Schupfnudeln, War-

gelnudeln, Wampenstecher, Bauchstecherle oder Bubenspitzle.
Die ungenierte Kombination Kartoffeln mit Mehl ist typisch geblieben: Kartoffelsalat und Spätzle, saure Kartoffelrädle mit dunkler oder heller Mehlsauce; Gaisburger Marsch als Eintopf: Kartoffelschnitz, Spätzle, Rindfleisch, Brühe, Kartoffeln und Nudeln gleichermaßen als Beilage zu Fleisch.
Mindestens 1500 Jahre Mehl, etwas mehr als 200 Jahre Kartoffeln: jeder, der rechnen kann, wird zugeben, daß da noch einiges auszuprobieren ist. Sprechen wir uns wieder in 1300 Jahren über weitere Erfahrungen des Schwaben im Umgang mit der Kartoffel.

Schupfnudeln

750 g gekochte Kartoffeln	*1 Ei*
600 g Mehl	*Salz*

Die Kartoffeln werden mit einer Gabel zerdrückt und zusammen mit Mehl, Ei und Salz verknetet. Aus diesem Teig wellt man auf einem bemehlten Holzbrett bleistiftdicke Nudeln, die man stückchenweise durch Abschieben, »Schupfen«, trennt und in kochendes Wasser gibt. Schwimmen die Schupfnudeln auf, werden sie mit einem Schaumlöffel herausgenommen und zum Trocknen auf einem Holzbrett ausgebreitet. Danach werden sie geschmälzt und serviert.

Beate Bundschu, Stuttgart

Am häufigsten ißt man zu Schupfnudeln Sauerkraut. Aber auch andere Mahlzeiten gibt es:

Krautschupfnudeln

500 g rohes Sauerkraut
100 g Fett
2 Zwiebeln
Schupfnudeln (s. Seite 111)
Salz

Die feingeschnittenen Zwiebeln werden in heißem Fett hellgelb geröstet. Dann gibt man das Sauerkraut hinzu und dämpft kurz mit, zuletzt gibt man die abgekühlten Schupfnudeln hinein, evtl. noch etwas Salz, und brät alles zusammen unter öfterem Wenden schön gelb.

Liesel Roller, Stuttgart

Karl Borromäus Weitzmann (1767—1828), schwäbischer Mundartdichter, läßt in seinem Singspiel »Die schwäbischen heiligen drei Könige« Herodes eine Sauerkraut-Arie singen:

Wenn i aus mei'm Ministere (Ministerium)
z Obed om e faife (fünfe) gang
ond beim Miserere
Trübsal blas ond Grille fang,
schleich i auf mei Ofesitzle,
lupf das Deckele a bitzle,
ond schmeck an mei'm g'wärmte Kraut.

Griebenschneckle

Schupfnudelteig (s. Seite 111)
Milch
Grieben

Der Schupfnudelteig wird einen halben Zentimeter dick ausgewellt. Auf den Teig werden erwärmte, nicht zu stark ausgebratene, schmalzige Grieben gestrichen. Dann wird alles zu einer Roulade zusammengerollt, welche in 5—6 cm lange Stücke geschnitten wird. Diese Stücke werden in eine mit Fett ausgeriebene Kasserolle gesetzt und mit Milch übergossen, bis die Schneckle damit bedeckt sind.
Die Griebenschneckle werden im Backofen bei guter Hitze so lange erhitzt, bis die Milch vollständig eingekocht ist und eine gelbbraune Kruste entstanden ist.

Dr. Wetter, Ellwangen

Kartoffelknödel

1 kg Kartoffeln
1 Stück Butter oder Schmalz
2 Eier
Salz
1 Tasse Milch
*Weckmehl**

Die Kartoffeln werden gekocht und geschält, aber erst am nächsten Tag gerieben.
In einer Schüssel verrührt man ein Stück Butter oder Schmalz, schlägt zwei Eigelb darein und verrührt sie damit. Alsdann fügt man die Kartoffeln zu, salzt das Ganze, gibt eine Tasse Milch und etwas Weckmehl und den Schnee von zwei Eiern hinzu. Dann formt man Knödel davon, die in Salzwasser abgekocht und mit Butter und Weckmehl geschmälzt werden.

* Semmelbrösel

Ingeborg Röss, Winnenden

Die Deutschordensritter von Mergentheim schnitten ihr Ordenskreuz auch in Schweineschwarten, so wurden die Schweineschwarten serviert, und so fragte der französische General Dumourier, der bei den Deutschordensrittern zu Gast war: »Gehört denn das Schwein auch zum Ritterorden?«

Saure Kartoffelrädle

750 g gekochte, geschälte, gerädelte Kartoffeln

Sauce:
50 g Fett
60 g Mehl
1 feingeschnittene Zwiebel
1 l Fleischbrühe
1 EL Essig
Salz
2 Pfefferkörner
1 Lorbeerblatt
1 Nelke

Außerdem:
2 EL saure Sahne

In dem rauchheißen Fett röstet man das Mehl hellbraun, dämpft dann die Zwiebelwürfel darin, löscht nach und nach mit Fleischbrühe ab, gibt Essig und Gewürze hinein und kocht die Sauce 20 Minuten.
Nun wird das Ganze durchgesiebt und über die vorbereiteten Kartoffeln gegossen und noch einmal fünf Minuten gekocht. Mit 2 EL saurer Sahne abschmecken.

Elisabeth Vetter, Stuttgart

»Ein Schwabe hat kein Herz, aber zwei Mägen.«
Selbstverspottung

Gesalzener Kartoffelkuchen

750 g gekochte, kalt geriebene Kartoffeln
2 EL Mehl
2 EL zerlassene Butter
2 Eier
*1 Becher saurer Rahm**
etwas Salz

Außerdem:
einige Speckwürfel

Diese Zutaten werden zusammen verrührt, auf einem Blech verteilt, oben mit Speckwürfeln bestreut und im Backofen gebacken.
Der Kuchen wird warm gegessen.

* Sahne

Lotte Schäfer, Rommelshausen

Omas Kartoffelsalat

1 kg Kartoffeln
½ Tasse Apfelmost
Salz, Pfeffer
1 TL Senf
½ Tasse Fleischbrühe
2 EL Griebenschmalz
1 Zwiebel
1 Schuß Essig

Kartoffeln kochen, schälen, in feine Streifen schneiden, in einer Schüssel mit Most übergießen und mit Salz und Pfeffer würzen.
Den Senf in der warmen Fleischbrühe auflösen und zu den Kartoffeln geben.
Dann das Griebenschmalz in einer Pfanne gut erhitzen, die gehackte Zwiebel kurz mitdünsten, über die Kartoffeln geben und gut mischen. Mit Essig abschmecken und bei Bedarf Wasser zugeben. Der Kartoffelsalat muß gut feucht, auf schwäbisch schmotzig sein.

Erwin Brucker, Wendlingen

Der Baukassier und Expeditionsrat Schneider ließ sich 1772 beim Bau von Schloß Solitude bei Stuttgart von Lieferanten bestechen. Er nahm an: feines Gebäck, Butter, Zucker, Mehl, Gemüse, Kirschen, Trauben, Fleisch, Geflügel, Kaffee, Wein. Er lehnte ab: sieben Säcke mit Kartoffeln.

Kartoffelbreisalat

Das sagte Großmutter zu diesem einfachen und beliebten Nachtessen.
Übriggebliebener Kartoffelbrei — wir machen darum extra mehr — wird mit Essig, Öl, Salz und kleingeschnittenen Zwiebelchen verrührt.
Zum Nachtessen häuft man jedem seine Portion auf einen Teller, vergräbt darin ein etwas mehr als weich gekochtes, abgeschältes, noch warmes Ei und garniert mit Peterling* oder auch einigen Wurstscheiben oder Tomaten oder was man sonst will.

* Petersilie

Dr. Walter Häcker, Winterbach

Man aß in Stuttgarter Bürgerhäusern um 1700, wenn man Gäste einlud:
»... sechs Gänge mit je neun Speisen; Weinsuppe, Rehrükken, gebratene Vögel, Hirsch, Wildbret, Artischocken, Rindfleisch mit Knödeln, gefüllte Lammbrust, Wildschweinschinken, junge Hühner, Spanferkel, Kalbskutteln, Pasteten, Feigentorte, Spritzkuchen, Dessert.«

Der Allgäuer packt den Blitzschwaben am Hosenbändel: »Bygost!« schreit er, »ich will euch Mores lehren, ihr donnerschlächtige Strolerle!«

Röstkartoffeln

1 kg Kartoffeln
50 g Fett
1 Zwiebel
Kümmel und Majoran
Salz, Pfeffer

Man kocht die Kartoffeln nicht allzu weich, schält sie und schneidet sie in Scheiben. In der Pfanne erhitzt man das Fett, röstet darin die Zwiebel hellgelb, gibt die Kartoffeln dazu und würzt mit Kümmel, Majoran, Salz und Pfcffer. Nun muß man mit der Backschaufel die Kartoffeln sofort umdrehen, damit die Zwiebeln nach oben kommen und nicht beim Rösten anbrennen.
Dazu gibt es Spiegeleier, »Ochsenaugen«.

Margot Bauer, Stuttgart

Der schmackhafteste schwäbische Eintopf ist der Gaisburger Marsch. Das sind Spätzle, Kartoffelschnitz, Rindfleisch und Fleischbrühe. Der Gaisburger Marsch zählt nicht zu den Suppen. Als Suppe ist er zu voll mit Beilagen. Gaisburg ist ein Stadtteil von Stuttgart, und es gibt mindestens zweierlei Deutungen dazu: die Männer von Gaisburg wurden in einem Krieg interniert. Die Frauen durften ihnen Essen bringen, aber jede nur in einer Schüssel. Also brauten sie alles zusammen, was sie hatten und was die Männer am Leben erhielt. Eine andere Deutung: die Soldaten, die von außerhalb zu Schießübungen nach Stuttgart marschierten und wieder zurück, machten in Gaisburg Vesperpause. Dort gab es einen Wirt, der war ein alter Feldküchenroutinier: rasch, heiß, kräftig, billig; vom Korporal an aufwärts gratis; und der schmale Reinverdienst für den Wirt, der später ein Häusle hatte und einen Weinberg.

Gaisburger Marsch

500 g Siedfleisch
Suppenknochen
1 Zwiebel
*1 gelbe Rübe**
Petersilie
1 Sellerieknolle
200 g Kartoffeln
Spätzle (s. Seite 88)

Siedfleisch mit den Knochen kochen, die Zwiebel in Stücke schneiden und dazugeben, das Suppengemüse, kurz bevor das Fleisch weich ist, hineintun. Die Kartoffeln in kleine Schnitze schneiden und extra kochen. Die inzwischen zubereiteten Spätzle, die Kartoffeln und die Suppe in einen großen Topf geben, und fertig ist das Essen.

* Möhre

Irmgard Huber, Böblingen

Kartoffelauflauf

1½ Pfund Kartoffeln
2 Stangen Lauch
½ Tasse Milch
½ Tasse Reibkäse
2 EL Butter
Salz
Knoblauch

Die Kartoffeln waschen, schälen und in kochendem Wasser weich kochen. In kleine Würfel schneiden. Den extra weich gekochten Lauch in Scheiben schneiden. Jetzt Kartoffeln, Lauch, Milch und Salz vermengen, in einer Kasserolle Butter warm machen, die Masse schichtweise mit Käse einfüllen, würzen und im Backrohr 15 Minuten backen.

Adele Tümmers, Ulm

Kartoffelpuffer

1 kg Kartoffeln, roh
etwas Milch
3 EL Mehl
30 g Fett
Salz

Man schält die rohen Kartoffeln, reibt sie fein und gießt das sich sammelnde Wasser ab. Dann vermengt man geriebene Kartoffeln mit der Milch, dem Mehl und etwas Salz zu einem dicklichen Brei. In einer Pfanne erhitzt man Fett, setzt immer zwei Eßlöffel der Masse hinein, drückt sie flach aus, damit »Puffer« entstehen. Nun auf beiden Seiten schön gelb ausbacken, mit Salz oder auch Zucker bestreuen. Sie werden mit warmem Apfelkompott serviert.

Ida Guter, Ulm

Freitagsgerichte

Der Freitag ist, nach katholischem Brauch, ein fleischloser Tag. Auch im protestantischen Teil Schwabens bleibt er, nicht grundsätzlich aber gewohnheitsmäßig, ohne Fleisch. Das hängt zusammen mit der Fastenzeit und mit dem Karfreitag, an dem es in ganz Schwaben, auch heute noch fast ausnahmslos, Fisch und Kartoffelsalat oder Maultaschen mit Spinatfüllung gibt. Schwaben war ein Land mit vielen Klöstern, natürlich ließ sich die schwäbische Küche von den Klöstern beeinflussen, und hierher gehört eigentlich auch die Laugenbrezel:

»Die Mönche beschenkten bei besonderen kirchlichen Festen die lehrsame Jugend mit Brezeln.« Nach noch früheren Deutungen soll die Brezel ein Ring mit einem Kreuz gewesen sein: »Toten- oder Trauergebäck, mit Salz, Sesam oder Mohn bestreut«.
Die Brezel gehörte mit zum Fastengebäck. Laugenbrezeln wurden früher auf dem Dorf nur für den Sonntag gebacken. In der Stadt täglich. Der Schwabe hat, welcher Religionsgemeinschaft er auch angehört, ein schlechtes Gewissen, wenn er freitags Wurst oder Fleisch ißt. Es hängt weniger mit der Religion, es hängt mit dem Gewohnheitsmäßigen zusammen.
Man ißt Dampfnudeln mit Vanillesauce oder Dörrobst, Pfitzauf, Ofenschlupfer, Kartäuserklöße, Apfelbettelmann, Schneidersflecken, Pfannenbeitschel, Speckkuchen (mit einem Hauch von Fleisch), Lauchkuchen, Zwiebelkuchen. Der Schwabe greift auf sein Mehl zurück: »faste isch besser als gar nix esse«, oder: »was hot der liebe Gott d'rvo, wenn i Honger han, muß er ja bloß einen Engel schicken.«

Pfitzauf

Rühre 100 g Butter leicht, gib nach und nach ¾ Pfund Mehl nebst 8 Eiern und einer Prise Salz dazu, verdünne die Masse mit ¾ l Milch, fülle sie in gut bestrichene Pfitzaufförmchen* und backe sie in guter Hitze. Man kann auch in den Teig 50 g Zucker geben.
Man gibt gekochtes Obst oder Dörrobst oder eine Vanillemilch dazu.

* Spezialformen aus Blech oder Ton, je 6 zusammengesetzte Schüsselchen von 5 cm Höhe

Anna Schweizerhof, Enzweiler

Ofenschlupfer

(zum Foto bei Seite 128)

*8 altbackene Wecken**
12 Äpfel
etwas Zucker
*Zibeben***
1 l Milch
6 Eier
50 g Zucker
Vanillezucker
80 g Butter
Butterstückchen und Zucker zum Bestreuen

Acht altbackene Wecken werden in Scheiben geschnitten, 12 Äpfel geschält, entkernt und ebenfalls in Scheiben geschnitten. Auf eine bestrichene Auflaufform wird eine Lage Weckschnitten gelegt, dann eine Lage Äpfel, die man mit Zucker und Zibeben bestreut. Dann wieder Weckschnitten usw. Weckschnitten müssen den Schluß bilden. Die letzte Lage taucht man zuvor in Milch ein, damit sie nicht so hart wird.
6 Eier werden mit zwei Liter Milch verrührt, dazu Zucker und Vanillezucker und zerlassene Butter. Das Ganze wird in die eingefüllte Form gegossen, so daß die Milch bis über die oberste Lage der Wecken hinaufgeht. Darauf kommen noch Butterstückchen und Zucker.
Wenn der Auflauf im Backrohr gebacken ist, wird er noch einmal mit Zucker bestreut.

* Brötchen
** Sultaninen

Gerda Adler, Stuttgart

Mit der Gabel ist's a Ehr,
mit em Löffel kriegt mr mehr.

Schwäbischer Spruch

Kratzete*

500 g Mehl
1 EL Salz
¾ l Milch
5 Eier
80 g Fett

Mit Mehl, Salz, Milch und Eigelb rührt man einen glatten Teig an und vermengt diesen kurz vor dem Backen mit dem steifen Eiweißschnee.
In einer Pfanne läßt man das Fett heiß werden, gibt so viel Teig zu, daß derselbe den Boden der Pfanne 1 cm hoch bedeckt und läßt die Masse backen, bis sich eine schöne, goldbraune Kruste gebildet hat.
Sodann zerteilt man die Masse mit der Backschaufel, wendet sie, läßt sie wieder anbacken und zerkleinert sie während des Backens immer mehr. Die einzelnen Teile sollen etwa 2—3 cm groß und von allen Seiten goldgelb gebacken sein.

* entspricht »Schmarrn«

Gisela Rettenmaier, Stuttgart

Wahrer Jakob

Man legt eingemachte Kirschen unten in eine Schale, darauf eine Lage Zuckerbrot, das man am besten in zwei dünne Scheibchen halbiert. Hierauf wird das Ganze mit dem Saft der Früchte übergossen. Wenn es recht durchtränkt ist, kommt noch eine Lage Zuckerbrot darauf. Dann wird 1 l Milch mit Zucker und Vanille gekocht. Vier ganze Eier werden mit etwas Milch und etwas Mehl verquirlt und in die vom Feuer genommene Milch verrührt. Die Masse wird so lange gekocht, bis eine ziemlich dicke Creme entsteht.

Diese Creme wird dann heiß in die Schale mit den Kirschen und dem Zuckerbrot gegossen. Nach dem Erkalten wird mit Schlagrahm* serviert.

* Schlagsahne

Karola Käser, Stuttgart

Kirschenmichel

4 EL Butter
4 Eier
5 EL Zucker
500 g Quark
150 g feiner Grieß
½ Päckchen Backpulver
abgeriebene Zitronenschale
1 Msp. Zimt
1 EL geriebene Mandeln
1 kg Kirschen
etwas Butter
Weckbrösel zum Ausstreuen*

Butter, Eidotter und Zucker schaumig rühren. Quark, Grieß, Backpulver, Zitronenschale, Zimt, Mandeln und die entsteinten Kirschen dazugeben. Zuletzt den steifgeschlagenen Eierschnee leicht unterziehen. In eine gebutterte, mit Weckbrösel ausgestreute Auflaufform füllen, zu schöner Farbe backen. Dauer etwa eine Stunde.
Dann den Kirschenmichel stürzen und mit süßer Sahne, die mit Kirschsaft aufgeschlagen wurde, begießen und mit Kirschen garnieren.

* Semmelbrösel

Christa Berger, Schorndorf

Apfelbettelmann

250 g geriebenes Schwarzbrot
1 kg Äpfel
*30 g Zibeben**
etwas Zucker und Zimt
*½ l saurer Rahm***
etwas Butter

Man schichtet in eine Auflaufform eine Lage Brotbrösel, eine Lage feingeschnittene Äpfel, streut Zibeben, Zucker und Zimt darüber und fährt fort, bis die Form voll ist. Dann gießt man den Rahm darüber und pflückt Butterstückchen auf. Die Speise wird 30—45 Minuten gebacken.

* Sultaninen
** Sahne

Josefine Weigl, Bad Cannstatt

Kartäuserklöße

3 alte Milchbrötchen
2 Eier
2 EL Zucker
¼ l Milch
4 EL Weckmehl
2 EL Fett
2 EL Staubzucker
½ TL Zimt

Die Brötchen abreiben und vierteln. Das Eigelb und den Zucker verrührt man gut, gibt die Milch dazu und weicht die Brötchenviertel darin ein. Nach einer halben Stunde sollten die Brötchen mal gewendet werden. Wenn sie ganz durchweicht sind, wendet man sie in Eiweiß und dann in dem abgeriebenen Weckmehl und bäckt sie in heißem Fett. Anschließend mit Staubzucker und Zimt bestreuen.

Diese Speise kochte meine Urgroßmutter vor etwa 100 Jahren dem Aufseher und dem Verwalter eines großen Landgutes in der Nähe von Heilbronn, und zwar immer am Karfreitag.

Julie Helber, Marbach

Anordnung für Privatquartiere zu einem Schützenfest in Stuttgart, Anfang 16. Jahrhundert:
»Welcher Ihnen zu essen gibt, der soll Ihnen jedesmal geben vier guter Essen, nämlich ein Voressen, auch Brühe, Fleisch und Hennen, ein Gemüs, auch ein Gebratenes und Hühner, am Freitag und Samstag von Eiern und zweierlei Fischen, mit samt rotem und weißem Wein, und an Fleischtagen das Mahl für fünfzehn Pfennige, an Fischtagen für sechzehn Pfennige gerechnet werden; wo aber die Gäst selbst einkaufen wollten, das soll zu ihrem Willen stehen.«
Die Schützen kamen mit Büchsen und Armbrusten von Bamberg, Nürnberg, Augsburg, Regensburg, München, Landshut, Konstanz, Zürich, Bern, Solothurn, Koblenz, Worms, Trier, Köln.

Pfannabeischtl

500 g Mehl
60 g Butter
2 Eier
1/4 Milch
20 g Hefe
1 Prise Salz
Öl zum Ausbacken

Aus den Zutaten einen Teig fertigen, gut gehen lassen. Nun zieht man eine blütenweiße Schürze an, nimmt eine Handvoll Teig, zieht denselben so lange über das von der Schürze bedeckte Knie, bis man einen dünnen Fladen hat. Öl in eine Pfanne geben, gut erhitzen, die Fladen darin ausbacken.
In Zucker und Zimt gewendet, ißt man sie mit Dörrobst oder ungesüßt mit Kartoffelsalat und grünem Salat.

Brunhilde Proietto, Stuttgart

Schneiderfleck

Hefeteig aus:
500 g Mehl
Salz
¼ l Milch
80 g Fett
20 g Hefe

Außerdem:
¼ l Sahne

Den gut gegangenen Teig wellt man 1 cm dick aus. Dann zerschneidet man ihn in etwa 3 cm breite Streifen. Mit diesen Teigstreifen belegt man eine dick eingefettete eiserne Kachel* oder eine Auflaufform. Die Streifen müssen dicht nebeneinandergelegt werden. Die nächste Lage wird quer darübergelegt. Jede Lage wird mit Sahne bedeckt. Die oberste Schicht bekommt die meiste Sahne.
Die Schneiderfleck werden bei 180 Grad im Ofen gebakken. Sie sollen eine goldgelbe Kruste bekommen.
Man ißt Sauerkraut dazu. Die Schneiderfleck dürfen nicht geschnitten werden. Sie werden streifenweise mit der Gabel herausgenommen.

* Pfanne mit hohem Rand

Rosl Kaiser, Stuttgart

Und am Hügel hinab, wo du den sonnigen
Boden ihnen gebaut, neigen und schwingen sich
Deine freudigen Reben
Trunken, purpurner Trauben voll.

Friedrich Hölderlin (am Neckar)

Ofenschlupfer (Rezept Seite 123) ▷

Zwiebelkuchen

Hefeteig:
500 g Mehl
20 g Hefe
1 TL Zucker
1 Prise Salz
¼ l Milch
50 g Fett

Belag:
1 kg Zwiebeln
50 g Butter
50 g Speckwürfel
3 Eier
½ Tasse Sauerrahm
Kümmel, Salz

In das gesiebte Mehl für den Hefeteig eine Grube machen, die zerbröckelte Hefe hineingeben. Die Hefe mit einem Teelöffel Zucker und etwas lauwarmer Milch unter Zunahme von etwas Mehl in der Grube zu einem dickflüssigen Vorteig (Dämpfer) anrühren. An einem warmen Ort zugedeckt etwa eine halbe Stunde gehen lassen. Salz hinzufügen, die restliche Milch mit der Butter erwärmen und lauwarm über das Mehl geben. Den Teig tüchtig schlagen, bis er Blasen zeigt und sich glatt von der Schüssel löst. An einem warmen Ort zugedeckt etwa eine Stunde gehen lassen.
Die geschnittenen Zwiebeln in heißer Butter und Speckwürfel weich dämpfen, mit Eiern, Rahm* und Kümmel vermischen, abschmecken. Hefeteig dünn auswellen, mit der Zwiebel-Speck-Masse bestreichen. Das Salz soll erst kurz vor dem Bestreichen zugegeben werden, weil sonst die Zwiebeln Wasser ziehen und der Kuchenteig speckig wird. Im vorgeheizten Backrohr bei guter Hitze backen.

* Sahne

Gerda Unger, Rutesheim

◁ *Schwäbischer Lauch- und Speckkuchen*
(Rezepte Seite 130 und Seite 132)

Lauchkuchen

(zum Foto bei Seite 129)

Auf einen ausgewellten Mürbeteig in einer Springform werden 300 g Schinkenwurst ausgelegt. 200 g durchwachsener Speck wird in Würfel geschnitten und in etwas Öl gut angebraten. 500 g in Scheiben geschnittenen Lauch hinzufügen, mit Salz und Curry würzen und zehn Minuten dünsten.
Die Wurstscheiben damit bedecken, eine Mischung aus zwei verquirlten Eiern, einem Becher Sauerrahm*, etwas Salz und Pfeffer darübergießen. Bei 200 Grad 45 Minuten backen.

* saure Sahne

Ursula Gschwendtner, Stuttgart

Professor Dr. Dr. Theodor Heuss (1884–1963), der erste Bundespräsident der Bundesrepublik Deutschland, Schwabe: »Mit einiger Schüchternheit nenne ich auch eine herrliche Spezialität, die manchem Freund als barbarisch erscheint: das ist der Zwiebelkuchen, womöglich noch warm gegessen, vor allem in den bukolischen Wochen des neuen Weines, eine etwas derbe Angelegenheit, die schon aus der Sparte der Küche in die des Brauchtums hinüberwechselt.«

»Laß mi meine Küchle en dei'm Schmalz backe, no därfsch du dein' Speck en mei'm Kraut siede.«

Schwäbischer Kuhhandel

Aufgezogene Dampfnudeln

500 g Mehl
2 Eier
80 g Butter
80 g Zucker
¼ l Milch
½ Zitronenschale
1 Prise Salz

20 g Hefe

Außerdem:
1 Glas Milch
1 Stück Butter
Zucker oder Salz

Aus diesen Zutaten wird ein nicht zu fester Hefeteig bereitet. Wenn der Teig gut gegangen ist, sticht man mit einem Glas kleine Küchlein ab und läßt sie nochmals aufgehen.
In eine gut schließende Kasserolle gibt man ein Glas Milch oder Wasser, nußgroß Butter, etwas Zucker oder Salz und läßt dies kochend werden. Nun setzt man schnell die ausgestochenen Dampfnudeln hinein. Man läßt sie zugedeckt 20 Minuten aufziehen oder aufgedeckt im Backofen auf beiden Seiten anbacken.

Gabriele Ulmer, Aich

August Lämmle, schwäbischer Schriftsteller und Lyriker (1876–1962), brachte einen Amerikaschwaben zum Flugplatz. Der Amerikaschwabe beteuerte, es habe ihm saumäßig (sehr gut) in Stuttgart gefallen, vor allem des vertrauten Essens wegen, aber er könne leider nicht länger bleiben, er müsse zurück nach Philadelphia. Dort sei er nach Ankunft pünktlich für ein Uhr zum Lunch verabredet. Lämmle, etwas mitleidig: was es denn in Philadelphia zum Lunch gäbe? Der Amerikaschwabe: »Nackete Dampfnudle mit Zwetschge.«

Schwäbischer Speckkuchen

(zum Foto bei Seite 129)

Ein rechteckiges Blech wird mit einem guten, gesalzenen Hefeteig (s. Seite 129) nicht zu dick ausgefüttert, mit Eigelb bestrichen und mit Würfeln von rohem Speck sowie Kümmel und Salz bestreut, knusprig gebacken, in Rechtecke geschnitten und frisch zu Wein oder Bier serviert.

Hildegard Lübke, Stuttgart

Kochkunst und Tafelwesen 1901:
»Unter ›Gansnest‹ findet man in süddeutschen Gasthäusern eine Metzelsuppenspezialität. Ich lernte dieselbe bei einem Herbstspaziergang in einem Weinrestaurant bei Heilbronn kennen. Auf einer kleinen runden Platte war aus Sauerkraut, unter das selbstredend Spätzle gemischt waren, ein Nest geformt und in diesem lagen einige kleine frische Leber- und Griebenwürste, etwas Kesselfleisch, Rüssel, Ohren und was so alles zum sogenannten Wellfleisch gehört. Das Nest war mit einem kräftigen Jüs, mit einigen in Butter geschwitzten Zwiebeln darin sauciert und obenauf lagen einige Salzkartoffeln. Daß dabei natürlich eine halbe Flasche Heilbronner nicht fehlen darf, ist selbstverständlich.«

Kuchen, Küchle, Gutsle und Nachtisch

Wenn das alles fertig auf dem Tisch steht, ist die eigentliche Wollust schon passiert: die Schwäbin als Zuckerbäcker, als Herstellerin von Naschwerk. Leichte, vorwiegend süße Rezepte, meist im Zusammenhang mit Sonntag, erwartetem Besuch, Geburtstag, Ostern oder Weihnachten; teilweise auch heute noch für Taufe, Hochzeit, Kommunion, Konfirmation, Kirchweih oder Gemeindebasar. Es sind zweierlei Zustände, während die Hausfrau das herstellt: sie ist, vor allem an Feiertagen, kurz vor dem Zusammenbrechen, wie jeder Maler, Regisseur oder Architekt vor seiner Premiere.

Und: die Küche riecht nach Paradies. Es sind Kindheitserinnerungen mit drin.
Zur Erfindung des Kuchens soll es aus schwäbischer Sparsamkeit gekommen sein: »man nützte damit die Hitze beim Anheizen des Brotbackens aus«. Die beliebtesten Kuchen sind: Apfelkuchen, Zwetschgenkuchen, Träubleskuchen, Käskuchen, Zwiebelkuchen, Schwarzwälder Kirschtorte.
Dazu zählen auch die Hefesachen: der Gugelhopf, Hefekranz und Hefezopf, Schneckennudeln. Küchle bedeuten meist Fasnacht: »Fasenacht, Fasenacht, wenn mei Muater Küchle bacht …«
Oder Apfelküchle. Für Küchle, schwimmend in Fett gebakken, gilt: »S goht weiß ins Bad ond kommt braun raus.«
Die Gutsles- oder Adventsbäckerei zu Weihnachten ist ein Zauber für sich: Ausstecherle, Bärentatzen, Essle, Springerle, Zimtsterne, Haselnußbrödle. Und natürlich das Hutzel- oder Schnitzbrot, auch wenn man das heute kaum mehr selber bäckt. Dann kauft man es dazu.
Unter Schwaben darf man noch das Backwerk in den Kaffee tunken, zumindest die Schneckennudeln, den Gugelhopf, die Schnitten vom Hefekranz, oder an Weihnachten die Ausstecherle. Das ist vor allem für die Kinder ein Vergnügen: sie tunken es in Milch oder in ihren Kakao. Sie stellen damit praktisch das uralte Müsle wieder her. Besonders gut schmeckt das auch mit Lebkuchen und mit Springerle.
Unter den 4000 eingesandten Rezepten für dieses Büchle tauchte als Nachtisch immer wieder die Chaudeausauce auf, auch als Ablichtung aus uralten Kochbüchern: Eier in der Messingpfanne, Zucker, Wein, mit dem Schneebesen über gelindem Feuer schlagen, bis es dick wird. Oder Mostsuppe, Weinsuppe, warmes Bier mit Ei und Honig. Probieren Sie's.

Biskuittorte

6 Eier
300 g Zucker
6 EL heißes Wasser
300 g Mehl
1 Backpulver
Vanillinzucker oder Zitrone

Eigelb mit Zucker und dem heißen Wasser schaumig schlagen. Geschmack dazugeben. Mehl und Backpulver gemischt unterrühren und zum Schluß den Eischnee. In eine Backform geben und 50 Minuten bei 175 Grad backen.

Gertrud Kinzinger, Vaihingen

Schwarzbrottorte

1 Pfund Zucker
20 Eigelb
½ Zitrone
60 g Zitronat
60 g Pomeranzenschale
15 g Zimt
einige Nelken
1 Tafel Blockschokolade
½ Pfund roh gewiegte Mandeln
¼ Pfund gestoßenes Schwarzbrot
¼ l Rotwein
Arrak

Der Zucker wird mit den zwanzig Eigelb dick gerührt. Dazu gibt man von einer halben Zitrone das Gelbe, das Zitronat, Pomeranzenschale, Zimt, Nelken und die geriebene Blockschokolade. Dann auch noch die roh gewiegten Mandeln, das gestoßene Schwarzbrot, welches lange vorher mit Rotwein und Arrak angefeuchtet wurde, dann den Schnee von den Eiern. Brot und Schnee kommen miteinander in die Masse. Dann backen.

Liesel Grotz, Oberriexingen

Schillers Mutter klagt über die Preise im Kriegsjahr 1794:
»3 Pfund Schwarzbrot 10 Kreuzer, 1 Pfund Ochsenfleisch 10 Kreuzer, 1 Pfund Butter 24 Kreuzer, der Scheffel Korn 8 Gulden. Es ist schrecklich. Wenn die Familie sich nicht unter äußerster Sparsamkeit danach einrichten oder nicht viele Dinge selbst erzeugen würde, könnte sie mit dem Einkommen nicht mehr auslangen.«

Haselnußkuchen

250 g Margarine oder Butter
5 Eier
250 g Zucker
1 Zitrone
250 g Mehl
1 Päckchen Backpulver
$^1/_8$ l Milch
250 g gemahlene Haselnüsse
Puderzucker

Die Margarine mit dem Eigelb und dem Zucker schaumig rühren. Zitronensaft und Zitronenschale von einer halben Zitrone hinzufügen. Nach und nach Mehl und Backpulver hineinrühren. Dann das zu Schnee verarbeitete Eiweiß, die Milch und die gemahlenen Haselnüsse dazugeben. Das Ganze noch etwa zwei Minuten rühren.
Den Teig in eine Gugelhopfform geben und bei Stufe 3 eine Dreiviertelstunde backen, dann auf Stufe 1 bis 2 nochmals eine Viertelstunde. Wenn der Kuchen ganz kalt ist, mit Puderzucker bestreuen.
Etwas für den Genießer oder den Herrenabend: Anstatt der Zitrone ein Gläschen Rum und anstatt Puderzucker über den noch heißen Kuchen nochmals ein Gläschen Rum gießen.

Gabriele Rosenwirth, Stuttgart

Eilig wirft sich der Spiegelschwab das Bärenfell über, rennt brummend auf sein böses Weib zu und umfängts mit scharfen Krallen.

Träubleskuchen

125 g Butter oder Margarine
100 g Zucker
2 Eigelb
abgeriebene Schale einer halben Zitrone
200 g Mehl
1 TL Backpulver

Belag:
2 Eiweiß
100 g Zucker
2 TL Stärkemehl
*500 g entstielte, gewaschene, abgetropfte Träuble**

Das mit Backpulver gesiebte Mehl wird mit den übrigen Zutaten rasch zu einem glatten Mürbteig verknetet. Den Teig eine halbe Stunde kalt stellen. Dann wird der Teig ausgerollt und eine Springform damit ausgelegt. Den Tortenboden bei mittlerer Hitze in etwa 25 Minuten schön goldgelb backen.
Inzwischen werden die Eiweiß zu steifem Schnee geschlagen. Zucker und Stärkemehl hinzufügen und die Schaummasse noch weitere fünf Minuten nachschlagen. Die Träuble vorsichtig unter die Eiweißmasse heben. Belag auf den Tortenboden geben und bei mittlerer Hitze im Rohr leicht gelb backen.

* Johannisbeeren

Hedwig Geiger, Stuttgart

Mir ward ganz übel, mauserig, dumm,
Ich sah mich schnell nach was Tüchtigem um,
Lief in den Garten hinterm Haus,
Zog einen herzhaften Rettich aus,
Fraß ihn auch auf bis auf den Schwanz,
Dann ward ich wieder frisch und genesen ganz.

Eduard Mörike

Klumpenkuchen

Zutaten für Klumpen*:
2 l süße Milch (vom Bauern, sonst Fett zugeben)
1 l saure Milch
1 Ei
2 EL Grieß

Zutaten für Belag:
Klumpen (siehe oben)
*¼ l süßer Rahm***
3 Eier
Zucker nach Geschmack
Zimt

Zubereitung der Klumpen:
Süße Milch aufkochen, vom Feuer nehmen und Sauermilch, mit Ei und Grieß angerührt, langsam einlaufen lassen. Auf dem Herd langsam ziehen lassen, bis Molke klar wird. Aber bitte nicht rühren. In einem Tuch über Nacht abtropfen lassen.
Zubereitung für Belag:
Klumpen, Eigelb, Zucker und Rahm verrühren. Eiweiß schlagen und unterziehen. Die Masse auf einen Mürbeteigboden (s. Rezept Träubleskuchen) gießen, mit Zimt und Zucker bestreuen. Bei Mittelhitze backen.

* Topfen
** Sahne

Edith Guth, Murrhardt

Bitsche, batsche, Eierkuchen.
Komm, der Bäcker hat gerufen,
hat gerufen die ganze Nacht,
da ist mein Kindlein aufgewacht.
Wer will guten Kuchen bachen,
der muß haben sieben Sachen:
Eier und Salz, Butter und Schmalz,
Zucker und Mehl, Safran macht den
Kuchen gel'.

Kinderreim aus dem Mittelalter

Apfelkuchen

Teig:
180 g Butter
125 g Zucker
1 Eigelb
250 g Mehl

Belag:
50 g Mandeln
750 g Äpfel

Guß:
3 Eier
100 g Zucker
1 Tasse Sahne
3 TL Mehl
Abgeriebenes einer Zitrone

Butter mit Zucker und Eigelb zu einem glatten Teig verarbeiten, dann das gesiebte Mehl darunterkneten. Im Kühlschrank steif werden lassen. Dann ausrollen und in eine Springform legen. Mit Mandeln bestreuen, mit den geschälten, in Schnitze geschnittenen Äpfeln belegen.
Für den Guß Eigelb und Zucker schaumig rühren, dann Sahne, Mehl und Zitronenschale hinzufügen. Eiweiß steif schlagen und unter die Eigelb-Sahne-Masse heben. Gleichmäßig über den Kuchen verteilen und sofort in den Ofen schieben und backen.

Brigitte Dieterle, Vaihingen

Wir stehen Faß an Faß zusammen,
Wir lassen unsre Waffen flammen,
Und heimlich hinter unsern Bäuchen
Muß dir die Zeit vorüberschleichen.

Nikolaus Lenau, 1832, bei einer Weinprobe
im Schloßkeller zu Öhringen

Geriebener Apfelkuchen

8 Eigelb
180 g Zucker
180 g Mandeln
10 Äpfel
1 TL Zimt
Nelken
abgeriebene Zitronenschale
8 Eiweiß

Die Eigelb werden mit dem Zucker gut verrührt. Dann nimmt man die Mandeln, welche geschält und dann zart gestoßen werden, hernach die zehn geschälten, geriebenen Äpfel sowie einen Teelöffel Zimt, eine Messerspitze Nelke und etwas Zitronenschale. Zuletzt zieht man den Eischnee darunter. In eine Springform kommt Butterteig (Mürbteig siehe Rezept Träubleskuchen Seite 138), dann gibt man die Fülle darauf und bäckt.

Heide Holzwarth, Althütte

Rhabarberkuchen

Ein Kuchenblech wird mit beliebigem Mürbteig belegt (s. Rezept Träubleskuchen Seite 138). Der abgezogene rohe Rhabarber wird in kurze Stücke geschnitten, dick mit Zukker bestreut und auf den Teig verteilt. Fünf Eier, 200 g Zukker, 2 EL Stärkemehl, etwa 1½ Becher dicker saurer Rahm* und etwas Zitronenschale werden zusammen verrührt, auf den Rhabarberkuchen gegossen und schön gebacken.

* saure Sahne

Lydia Haberhauer, Plüderhausen

Käsekuchen

Boden:
300 g Mehl
150 g Fett
2 EL Zucker
1 Prise Salz
1 Ei
½ Würfel Hefe (20 g)
etwas Milch

Fülle:
1½ Pfund Quark
3 Eigelb
½ l Milch
¼ l süßen Rahm
150 g Zucker
50 g Mehl
2 Vanillezucker
7 Eiweiß
*Weckmehl**
Zucker, Zimt

Aus den Zutaten einen Hefeteig zubereiten. Quark, Eigelb, Milch, Rahm, 50 g Zucker, das Mehl und Vanillezucker zusammen schaumig rühren. Das Eiweiß mit den restlichen 100 g Zucker schaumig schlagen und leicht unterziehen. Weckmehl, etwas Zucker und Zimt auf den Kuchenboden streuen und die Fülle daraufgeben. Keine Angst, die Fülle wird sehr flüssig! Backzeit bei 200 Grad eine Stunde.

* Semmelbrösel

Luise Eckert, Stuttgart

Natron-Gugelhopf

200 g Butter
250 g Zucker
6 bis 8 Eier
2 EL Milch
500 g Mehl
1 Päckchen Backpulver

Die Butter wird schaumig gerührt, dann der Zucker mit dem Eigelb hineingerührt, Milch, Mehl und Backpulver dazugegeben und zuletzt das zu Schnee geschlagene Eiweiß untergehoben und gebacken.

Silvia Seitter, Aidlingen

Quarktorte ohne Mehl

Verrühren Sie 1 kg Magerquark (ohne Klümpchen) mit 400 g Zucker, 1 Päckchen Vanillezucker, 1 Päckchen Backpulver, 1 Prise Salz, abgeriebener Zitronenschale, 1 EL Rum, 4 Eigelb, 4 Eischnee, Saft einer Zitrone und 1 EL Orangensaft, 5 EL Grieß und 5 EL Rosinen. Mit Handmixer geht es leichter. Form ausfetten und mit Semmelbröseln ausstreuen. Masse einfüllen, zur Mitte hin etwas hochstreichen und im vorgeheizten Backofen auf der unteren Leiste etwa 45 bis 60 Minuten bei 220 Grad backen. Saftig und schmackhaft und linienbewußt!

Waltraud Senkbeil, Böblingen

Ehestandskuchen

Verrühre zehn Eier in einer Schüssel Raum.
Heb auf das Weiße der Eier zu einem steifen Schaum.
Ein halb Pfund Zucker mußt Du fleißig damit rühren,
man darf gar wohl das Süße des edlen Ehstands spüren.
Acht Loth* von süßen Mandeln, vier bittre Loth dazu,
drum heißt man's Ehstandskuchen, die stoße fein im Nu.
Zitronensaft und Schale rühr in die Masse ein,
ganz ohne Säure wird selten wohl ein Ehstand sein.
Zwölf Loth von feinem Mehl rühr ein mit leichter Hand,
solider Zutat braucht es ja stets zum Ehestand.
Am Schlusse meng darunter auch noch den steifen Schaum,
zur festen Lebensmasse gehört ein wenig Traum.
Und ist er wohl gelungen, so wird er sicher munden.
Gib acht, es hat das Süße das Bittre überwunden.

* 1 Loth = 15 g

Gedicht von Ottilie Wildermuth
eingesandt von Ella Funk

Eßt und trinkt, soviel Euch frommt,
Und guckt dann zu, daß Ihr weiterkommt.

Wandschrift in einer schwäbischen Wirtschaft (1880)

Hefe-Gugelhopf

(zum Foto bei Seite 160)

500 g Mehl
Milch
10 g Hefe
2 Eier
1 TL Salz
Zitronenschale
100 g Butter oder Margarine
100 g Sultaninen
*Weckmehl**
Zucker zum Bestreuen

In der Mitte des Mehls mit der in Milch angerührten Hefe einen Vorteig machen, an der Wärme gehen lassen. Die übrigen Zutaten außer den Sultaninen zugeben, den Teig schlagen, bis er Blasen gibt. Er muß weicher sein als üblicher Hefeteig. Zum Schluß noch die gewaschenen, getrockneten Sultaninen unter den Teig schaffen.
Eine Gugelhopfform mit Butter und Weckmehl gut vorrichten, den Teig hineingeben, an die Wärme stellen, bis er doppelt so groß ist als am Anfang. Den Gugelhopf bei mittlerer Hitze 45—60 Minuten backen. Nach dem Backen mit Zukker bestreuen.

* Semmelbrösel

Bärbel Ehmann, Fellbach

Hefezopf auf gute Art

40 g Hefe
750 g Mehl
250 g Magerquark
3 Eigelb
150 g Zucker
75 g Butter
75 g Margarine
1 EL Schweineschmalz
200 g Sultaninen
1 Päckchen Vanillezucker
1 gute Prise Salz
3 EL Milch
Hagelzucker
Mandelsplitter

Mehl in eine Schüssel geben, eine Mulde in die Mitte machen, die Hefe mit etwas Zucker und warmer Milch einlassen, etwas Mehl darüberstäuben und gehen lassen.
Alle oben angegebenen Zutaten in einen Kochtopf geben, verrühren und kurz anwärmen. Wenn der Vorteig gegangen, alles gut vermengen. Schlagen, bis der Teig von der Schüssel geht. Dann nochmals gehen lassen. Zopf flechten, auf das Backblech legen, zudecken und noch einmal eine Viertelstunde gehen lassen. Den Zopf mit Wasser oder Eigelb bestreichen, Hagelzucker und Mandelsplitter darüberstreuen. Bei Mittelhitze etwa 45 Minuten backen.

Hannelore Meynerts, Stuttgart

»Mer hält en manche für fett, ond wenn mer guckt, isch er bloß g'schwolle.«

Über Vielesser

Schwabenbrötle

375 g Mehl
250 g Butter
250 g Zucker
250 g ungeschälte geriebene Mandeln
1 Ei
etwas Zitronenschale
20 g Zimt
1 Msp. Nelken

Außerdem:
Eigelb zum Bestreichen
Mandeln und Hagelzucker zum Bestreuen

Diese Zutaten arbeitet man auf dem Nudelbrett zusammen, stellt den Teig etwas kalt, wellt ihn mit Mehl aus, sticht beliebige Figuren aus und läßt sie über Nacht liegen.
Am andern Tag bestreicht man sie mit Eigelb, bestreut sie mit feingewiegten Mandeln und Hagelzucker und bäckt sie im nicht zu heißen Ofen.

Hedwig Siegle, Weil der Stadt

Schwäbischer Bund

160 g Butter
6 Eier
220 g Zucker
55 g geschälte Mandeln
Saft und Schale von ½ Zitrone
je 55 g Sultaninen und Korinthen
80 g feines Mehl
80 g Stärkemehl

Zum Tränken:
Schwach ¼ l Wasser mit 3 EL Zucker heiß gemacht und 1 bis 2 EL Rum zugegeben.
Die Butter wird schaumig gerührt, Eigelb und Zucker wer-

den eine halbe Stunde mitgerührt, dann die geschälten Mandeln, Zitrone, Sultaninen, das Mehl und zuletzt der steife Schnee untergemischt. Schließlich wird die Masse in eine mit Butter bestrichene und mit Mehl bestäubte Form gefüllt und eine Stunde gebacken.
Nach dem Backen wird der Ring getränkt, mit Zitronenglasur (200 g Zucker, 1 Zitrone) überzogen, mit gerösteten Mandeln bestreut und mit Früchten verziert.

Julius Lissy, Vaihingen

Seelen

500 g Mehl
Hefe
Milch
100 g Butter
2 Eier
60 g Zucker
Eigelb zum Bestreichen
Zucker zum Bestreuen

Man macht einen kleinen Vorteig in der Mitte des Mehls und läßt ihn über Nacht stehen. Am anderen Tag bereitet man aus dem Vorteig, Butter, Eiern, Zucker, der nötigen Milch und dem übrigen Mehl einen Teig, nicht ganz so dick wie Spatzenteig. Ist er nochmals zwei bis drei Stunden an warmem Ort aufgegangen, so macht man kleine, längliche Brote, setzt sie auf ein Blech, das gut gefettet und bemehlt ist. Nun läßt man die »Seelen« nochmals gehen und bestreicht sie mit Eigelb, bestreut sie mit Zucker und bäckt sie.

Else Schlauch, Murrhardt

Stuttgarts Wein- und Bäckerstüble

Vor dem heißen Ofen balgen
Katzen sich. Wie dumme Jungen.
Auf dem Tisch an kleinen Galgen
Hängen Bretzel, schön geschwungen.
Würdebärte schlürfen kräftig
Wichtig diskutierte Weine. —
Links im Laden bückt die kleine
Bäckerstochter sich geschäftig.
Zinn blitzt von der Holz-Fassade.
Zeichnungen an allen Wänden.
(Stumm, mit mehlbestaubten Händen
Rückt der Wirt die schiefen gerade.)
Setzte mich so ganz bescheiden hin
Und vergaß auch nicht, sehr laut zu grüßen.
Dennoch ließen Blicke mich leicht büßen.
Daß ich kein Stuttgarter bin.

Joachim Ringelnatz

Ulmer Brot

40 g Hefe	*40 g Butter*
½ l warme Milch	*Zitronenschale*
1 kg Mehl	*Salz*
180 g Zucker	*2 Eier*

Von der in lauwarmer Milch aufgelösten Hefe wird ein Vorteig angerührt. Nach dem Aufgehen gibt man die anderen Zutaten zu und schafft einen festen Teig, den man auf dem Nudelbrett so lange wirkt, bis er glatt ist.
Nun wellt man denselben einen Zentimeter dick aus, sticht mit einem Glas oder Ring Küchlein aus, legt sie in der Hälfte zusammen und setzt sie in eine gestrichene Kapsel

(Form) ganz dicht aneinander. Oder man formt Kugeln aus dem Teig und wellt diese zu ovalen Scheiben aus.
Nachdem die Masse gut aufgegangen ist, macht man in der Mitte der Länge nach einen Einschnitt. Nach dem Backen bestreicht man die Mitte noch warm mit kaltem Wasser. Das Ulmer Brot soll so dünn wie möglich aufgeschnitten werden.

Julius Lissy, Vaihingen

Apfelküchlein

4 große Äpfel	*¼ l Bier*
Zucker	*1 EL Öl*
Zimt	*Salz*
Arrak	*Zucker*
Rum oder Kirschgeist	*4 Eier*
250 g Mehl	*Backfett*

Die Äpfel werden ganz geschält, in dicke Scheiben geschnitten, das Kernhaus mit einer Form herausgestochen oder mit dem Messer herausgeschnitten. Die Apfelscheiben werden mit Zucker und Zimt bestreut, mit Arrak, Rum oder Kirschgeist befeuchtet und zugedeckt eine Zeitlang stehengelassen.
Unterdessen wird folgender Teig gemacht: Das Mehl wird mit dem Bier, Öl, Salz, Zucker und den vier Eigelb zu einem kurzen, weichen Teig verarbeitet und der Schnee der vier Eiweiß leicht daruntergemengt. Nun werden die Apfelscheiben darin gewendet und die Küchlein in heißem Fett schwimmend gebacken. Nachher werden sie mit gestoßenem Zucker bestreut.

Doris Pietsch, Backnang

Magenbrot

(zum Foto bei Seite 160)

Teig:
1 Pfund Weißmehl, 1 Pfund Schwarzmehl*, 1 Pfund Zukker, ½ Päckchen gemahlene Nelken, ½ Päckchen Zimt, 2 Päckchen Backpulver, 2 Eier, 1 bis 2 Tassen Milch. Von dem Teig Streifen rollen, auf ein gefettetes Blech geben und hellbraun backen. Noch warm zuschneiden und in einer großen Schüssel erkalten lassen.

Guß:
1 Pfund Zucker, 2 EL Kakao, 12 EL Wasser aufkochen, die Masse über die kalten Würfel schütten und vorsichtig durchmengen. Nach dem Trocknen in Blechdosen kühl aufbewahren. Die Menge ergibt ca. 180 Stück.

* Roggenmehl

E. Kiener, Schorndorf

Ein Sünder ohne Reu,
ein Musketier ohne Blei,
ein Kasten ohne Säu,
ein schwäbisches Frühstück ohne Brei
sind eine pure Fretterei

Abraham a Sancta Clara, alias Hans Ulrich Megerle (1644—1709),
Barfüßermönch, berühmter Prediger der Barockzeit.

Früchtebrot

125 g Zucker
3 Eier
125 g Mandeln
125 g Nüsse
125 g Zitronat
125 g Feigen
125 g Rosinen
125 g Mehl
½ TL Zimt
½ Päckchen Backpulver
1 Prise Salz
100 g flüssige Schokolade

Zucker und Eier schaumig rühren. Die ungeschälten Mandeln zweimal durchschneiden, die Nüsse grob hacken, Zitronat und die getrockneten Feigen kleinschneiden. Alle Zutaten zum Teig verarbeiten. In einer Kastenform 75 Minuten lang bei schwacher Hitze backen. Nach dem Erkalten kann man das Früchtebrot mit 100 g flüssiger Schokolade überziehen.

Helga Mack, Schmiden

Anisbrot

300 g Zucker mit ⅛ l Wasser und 10 Eigelb in einer Schüssel schaumig rühren, 380 g gesiebtes Mehl mit 15 g Anis leicht unter die Masse mengen, zuletzt den steifen Schnee von den 10 Eiweiß daruntergeben. In gut gefettete lange Kastenform füllen und bei 180 Grad backen. Wenn gebakken, stürzen, am andern Tag in Scheiben schneiden und wie Zwieback langsam im Backofen rösten.

Esther Scharff, Rudersberg

Wibele aus Hohenlohe

5 Eiweiß
225 g Staubzucker
25 g Vanillezucker

Ein Backblech mit Bienenwabenwachs einfetten: Sauberes Blech erhitzen, dann das Bienenwabenwachs gleichmäßig verteilen, Blech wieder ganz erkalten lassen.
Dann Eiweiß in eine saubere fettfreie Schüssel geben (es muß vor dem Schlagen sehr kalt sein), dann sehr steif zu Schnee schlagen. Während des Schlagens nach und nach immer etwas Staubzucker einsieben. Wenn alles gut steif geschlagen ist, den Rest des Zuckers untermengen und mit einem Spritzsack mit passender Lochtülle je 2 Zentimeter auseinander einen Punktstrich, einen Punkt aufspritzen. Dann im Ofen ganz langsam bei 120 bis 130 Grad backen. Wenn gebacken, mit breitem Messer unter die Wibele fahren und diese vom Blech heben.

Esther Scharff, Rudersberg

Fasnetskrapfe*

60 g Zucker, ein Viertelpfund Butter werden zu Rahm** gerührt. Dann fügt man bei: 4 Eier, 1 Pfund Mehl und so viel kalte Milch, daß ein mittelfester Teig entsteht. Zuletzt gibt man 1 Päckchen Backpulver hinzu und verarbeitet dieses gut mit der Masse.
Der Teig wird auf einem Brett ausgewellt, einen Zentimeter dick, und mit einem runden Gegenstand, z.B. einem Glas, ausgestochen und die Formen in siedendheißes Fett gelegt. Nach einer Minuten dreht man die im Fett liegenden Krapfen um, damit sie eine gleichmäßige Form bekommen. Nach drei bis vier Minuten sind sie gar, werden aus dem Fett ge-

nommen, mit einer Mischung von etwas Zucker und Zimt bestreut und warm oder kalt serviert.
Dieses Quantum gibt etwa 40 Krapfen mittlerer Größe, sehr wohlschmeckend und billig.

* Fastnachtsküchlein
** glatt gerührt

Waltraud Gienger, Vaihingen

Urgroßmutters Schneeballen

50 g Butter
5 Eier
40 g Zucker
150 g Mehl
Backfett
Puderzucker

Die Butter, Eigelb und Zucker schaumig rühren, Eischnee unterziehen und langsam das Mehl zufügen, bis sich der Teig kneten läßt. Von dem ausgerollten Teig runde Teigstükke, etwa 7 cm im Durchmesser, ausstechen; diese, ohne den Rand zu verletzen, viermal einschneiden. Die Streifen mit einem Kochlöffel aufnehmen und am Stiel hängend im heißen Fett backen. Mit Puderzucker bestäuben.

Lore Stöpfel, Wetzgau

O heiliger Urban, schaff uns Trost!
Gib heuer uns viel edlen Most,
Daß wir Dich benedeien.

Ludwig Uhland, 1816

(Most ist gegorener Apfel- oder/und Birnenwein; schwäbische Babys sollen früher mit Most statt mit Milch aufgezogen worden sein)

Schillerlocken

250 g Mehl
250 g Butter (oder 1/2 Butter und 1/2 Margarine)
1/4 Tasse Wasser
1/4 TL Salz
Mehl zum Bestreuen
Eigelb zum Bestreichen
Hagelzucker zum Bestreuen
1/3 l Schlagrahm

Das Mehl auf das Backbrett sieben und zu einem Kranz auseinanderbreiten. In die Mitte die sehr kalte Butter in walnußgroße Stücke schneiden, unter Zugabe von Wasser und Salz mit den Fingern untereinandermengen. Zu einem Ballen lose zusammenkneten. Die Butterstücke sollen danach im Teig noch sichtbar sein. An kühlem Ort 15 Minuten ruhen lassen.
Dann mit dem bemehlten Wellholz auf einem mit Mehl bestreuten Brett zu einem Viereck ausrollen. Das Viereck wie eine Serviette falten, wobei jedesmal der Teig dreimal übereinandergelegt wird. Den Teig wiederum 15 Minuten ruhen lassen. Auswellen und Ruhenlassen dreimal wiederholen.
Zuletzt zu einer Platte ausrollen und in 3 cm breite, lange Streifen schneiden. Die Teigstreifen über tütenförmige Blech- oder Holzformen (von der Spitze zum dickeren Teil hin) wickeln. Mit geschlagenem Eigelb bestreichen und mit Hagelzucker bestreuen. Bei guter Hitze backen und noch warm aus den Formen lösen.
Nach dem Erkalten mit Schlagrahm* füllen.

* Schlagsahne

Martha Grieb, Schorndorf

Kochkunst und Tafelwesen, 1901: »Eis König Wilhelm II. von Württemberg besteht aus zwei Farben, rot und schwarz, von Schlagsahne, zuerst kommt Schwarz in die Form und dann Rot. Zum ersteren wird die Schlagsahne gefärbt mit Püree von Erdbeeren und Erdbeeren als Garnitur, etwas Curaçao beigeben. Zum zweiten wird die Schlagsahne gefärbt mit einer Masse von eingemachten fein geriebenen Nüssen, und Nüsse in Würfel geschnitten als Garnitur beigeben. Um den Geschmack besser zu erhalten, fügt man etwas Nußliqueur bei. Sobald die Form gefüllt ist, wird sie gut verschlossen, zum Frieren in gestoßenes Eis mit Salz gelegt und beim Servieren die Württembergische Landesflagge auf die Spitze gesetzt.«

Schwäbischer Apfelbrei

8 Äpfel
1 l Wasser
1 Zimtstange
2 Zitronen
50 g Butter
2 EL Stärkemehl
1 l Milch
100 g Zucker
Vanillezucker
3 Eier
Zimt und Zucker zum Bestreuen

Die Äpfel schälen, entkernen und schnitzeln. Mit 1 l Wasser, 1 Stange Zimt und 2 Zitronen, in Scheiben geschnitten, dünsten. Die Butter erhitzen, das Stärkemehl dazugeben, mit der Milch ablöschen, von der Kochstelle nehmen, den Zucker und Vanillezucker zugeben und die Eigelb unterziehen. Das Eiweiß zu Schnee schlagen.
Die gedünsteten Äpfel mit dem Schaumlöffel aus dem Sud ziehen und vorsichtig unter die Buttersauce geben. Zuletzt den Eischnee unterziehen und Zimt und Zucker darüberstreuen.

Hildegard Andrä, Auenwald-Oberbrüden

Chaudeausauce

Nimm 4 Eigelb und ebensoviele ganze Eier in eine Messingpfanne, zerquirle sie mit Zucker, gib ein wenig Vanillezucker und einen halben Liter guten weißen Wein darunter, nimm dies kurz vor Gebrauch auf ein gelindes Feuer, schlage es mit dem Schneebesen unausgesetzt, bis es dick wird und leicht aufstößt. Die Sauce darf nicht kochen und muß sofort angerichtet werden. Man reicht sie zu Apfelstrudel oder Soufflés.

Elke Druba, Stuttgart

Gebackene Äpfel

6 Äpfel
3 Eier
etwas Mehl
etwas Fett
Marmelade
etwas Wein
etwas Zucker

Gute, reife Äpfel werden geschält und mit einem geschickten Ausstecher vom Kernhaus befreit. Alsdann werden sie in den zerklepperten Eiern gewälzt, mit Mehl bestreut und in heißem Fett braun gebacken.
Jetzt legt man sie auf ein Sieb. Man füllt die ausgestochenen Höhlungen mit einer Marmelade, setzt die Äpfel in eine Kachel* ein, begießt sie mit Wein und bestreut sie mit Zucker. Wenn sie auf gelindem Feuer etwas angezogen haben, sind sie gar. Zusammen mit dem ausgeschwitzten Saft werden die Äpfel serviert.

* Pfanne mit hohem Rand

Edith Guth, Murrhardt

Da ist's dem Wirte klar, daß die Gesandtschaft abgeschickt ist von der schwäbischen Kreisregierung, um das Bier zu kosten.

Metzgerrechnung (1820) für die Taufsuppe in einem reichen Bauernhaus:
»32 Pfund Schweinefleisch, 28 Pfund Rindfleisch, 10 Pfund Kalbfleisch, 10 Pfund Voressen (Kutteln und Ragout), 20 Ring Bratwürste zur Randverzierung.«

Mostsuppe

2 l Milch
1 l Wasser
1 l Most
etwas Mehl
4 Eier
Zucker und Zimt
4 Brötchen

Die Milch und das Wasser werden zum Kochen gebracht. Inzwischen wird etwas Mehl mit dem Most angerührt. Dann werden die Eier dazugequirlt und dies dann in die kochende Milch eingerührt.
Alles zusammen wieder zum Kochen bringen. Zucker und Zimt je nach Geschmack dazu. Über 4 in Scheiben geschnittenen Brötchen anrichten.

Martha Hammer, Stuttgart

Ein Wirtemberger ohne Wein
kann der ein Wirtemberger sein?
Schiller (1759—1805)

Warmes Bier

¼ l Bier	*2 EL Zucker*
½ l gekochte Milch	*1 EL Honig*
1 Eigelb	*1 Msp. Zimt*

Dies alles wird auf dem Feuer geschlagen, bis es heiß ist, aber ja nicht kocht.

Rita Götz, Stuttgart

Remstäler Weinsuppe

5 Scheiben Roggenbrot	*1 l Weißwein*
½ l Wasser	*100 g Zucker*
1 Zimtstange	*3 Eigelb*
4 Gewürznelken	*1 Zitrone*

Scheiben von Roggenbrot röste man bräunlich, setze sie mit Wasser, Zimtstange und den Gewürznelken aufs Feuer, koche hiervon einen Brei, streiche denselben durch ein Sieb und mische soviel davon unter den Weißwein, den man mit Zucker aufgekocht hat, daß eine sämige Suppe entsteht. Kurz vor dem Anrichten ziehe man die Suppe mit den Eidottern ab und drücke den Saft der Zitrone daran.

Dieter Eberle, Filderstadt

Aus Mörikes »Stuttgarter Hutzelmännlein«:

Ein Kobold gut bin ich bekannt
in dieser Stadt und weit im Land;
das Hutzelbrot hab ich erdacht,
auch viel seltsame Streich gemacht.

Stuttgarter Hutzelbrot

375 g getrocknete Birnenschnitze
375 g gedörrte Zwetschgen
1 kg Mehl
40 g Hefe
375 g Feigen
125 g Walnüsse
150 g Zitronat
50 g Orangeat
125 g Sultaninen
100 g Rosinen
1 TL Anis
2 TL Zimt
200 g Zucker
1 TL Salz
1 TL Nelkenpulver
3 EL Kirschwasser

Die Birnen und Zwetschgen kocht man weich und nimmt sie aus der Brühe. Die Zwetschgen werden ausgesteint und mit den Birnen und den übrigen Früchten grob geschnitten. Aus Mehl, der lauwarmen Schnitzbrühe und Hefe macht man einen Vorteig. Wenn er gut aufgegangen ist, gibt man sämtliche Zutaten hinein, knetet tüchtig durch. Den Teig stellt man in die Wärme zum Gehen. Wenn er Risse zeigt, formt man Laibchen, läßt sie auf dem Kuchenblech noch einmal gehen und bäckt sie bei guter Hitze. Wenn sie fertig sind, werden sie mit Zuckerwasser bestrichen und nochmals kurz in den Ofen geschoben.

Heidi Glück, Winnenden

Zwetschgenknödel

1½ kg Kartoffeln
5 Tassen Mehl
4 EL Zucker
1 Prise Salz
2 Eier
4 EL Butter
1 kg Zwetschgen
*Weckbrösel**
Butter oder Schmalz

Die am Tag zuvor gekochten Kartoffeln schälen und reiben oder durch eine Kartoffelpresse drücken. Auf einem Nudel-

 Gugelhopf (Rezept Seite 144), Magenbrot (Rezept Seite 150) und Springerle (Rezept Seite 163)

brett mit dem Mehl, dem Zucker, den Eiern, dem Salz und der leicht angewärmten Butter vermengen. Einen ziemlich festen Teig herstellen, auswellen und in etwa handtellergroße Stücke teilen.
Je mit einer entsteinten und mit Zucker gefüllten Zwetschge belegen.
Knödel formen, so daß der Teig etwa ½ cm dick die Frucht umschließt. In schwach gesalzenem, kochendem Wasser fünf bis acht Minuten kochen.
Weckbrösel in reichlich Fett rösten, die Knödel darin wenden und mit Zucker bestreut anrichten.

* Semmelbrösel

Heidelinde Kuhn, Vaihingen

Quarkauflauf

4 EL Butter
3 Eier
1 Tasse Zucker
500 g Quark
1 Tasse Rahm oder Milch*
4 EL Speisestärke
¼ Zitrone (Schale)
1 Päckchen Vanillezucker
3 EL Sultaninen
2 EL gehackte Mandeln

Die Butter schaumig rühren, die Eigelb und den Zucker mitrühren. Den durchpassierten, mit dem Rahm vermengten Quark löffelweise unterrühren und dick und schaumig schlagen. Speisestärke, Zitronenschale, Vanillezucker und die Sultaninen untermengen. Dann den steifen Eierschnee unterziehen.
In eine vorgerichtete Auflaufform füllen, mit den gehackten Mandeln bestreuen und etwa 50 Minuten im Ofen backen.

* Sahne

Maria Schnepf, Gingen

1630 wurde in Stuttgart das erste Bier gebraut, vermutlich von Mönchen aus Nürnberg. Dreißig Jahre später setzten die Wengerter ein Verbot gegen das Bierbrauen durch. Kurz danach entstanden zwei herrschaftliche Brauereien. Privatbrauereien gibt es seit dem 18. Jahrhundert.

Weßgeneschter

(Wespennester)

2 EL Milch
50 g Mehl
1 Ei
1 Prise Salz
1 Prise Zucker
Backfett
Honig zum Füllen

Aus Milch, Mehl, Eigelb, Salz und Zucker rührt man einen Teig und zieht den Eischnee darunter. Man dreht einige Kochlöffelstiele senkrecht in den Teig und geht dann schnell mit dem Stiel in das heiße Fett. Sobald sich etwas Kruste gebildet hat, nimmt man den Löffelstiel wieder aus dem Fett und dreht ihn weiter im Teig, dann wieder in das heiße Fett, so lange, bis sich ein »Nest« gebildet hat. Man zieht den Kochlöffelstiel heraus und füllt die Höhlung mit flüssigem Honig auf. Man serviert die Nester heiß, mit Puderzucker bestäubt.

Maria Stieler, Winnenden

Zum Schluß die berühmten Springerle, die man auch anmalen und als Schmuck an die Wand hängen kann, wenn man sie in besonders schönen Formen gebacken hat.

Springerle

(zum Foto bei Seite 160)

5 Eier
400 g Puderzucker
400 g Mehl
Anis zum Bestreuen

Die Eier werden mit dem Staubzucker mindestens eine halbe Stunde lang schaumig gerührt und danach mit dem Mehl vermischt. Dieser Teig wird dann $\frac{1}{4}$ Zentimeter dick ausgerollt und mit Figurenstechern ausgestochen.
Ein Backblech wird ganz dünn mit Wachs oder Butter befettet und mit Anis bestreut. Die Springerle werden daraufgelegt, ebenfalls mit Anis bestreut und einige Stunden stehengelassen, bis sie gut getrocknet sind. Im nicht sehr heißen Backrohr werden sie dann licht gebacken. Sie dürfen keine braune Farbe erhalten.
Es gibt auch eigene Holzmodel (Springerleformen), die mit Mehl ausgestaubt und dann mit dem Teig ausgedrückt werden. Wenn diese Model verwendet werden, muß der Teig ziemlich fest sein, damit er beim Herausnehmen aus dem Model auf dem Backblech nicht zusammensinkt.

Annetraut Lutz, Heilbronn

Jean Paul, 1819, über Stuttgart:
»Der Gasthof ›König von England‹ ungemütlich; das Brot bloß aus Dinkel gebacken und ungesalzen, ungefähr wie getrockneter Kleister, doch würgte ich es einige Abende aus Sparsamkeit mit einem Stückchen Wurst hinein, weil man aus den Thees gewöhnlich ohne Abendbrot heimgeschickt wird.«
Einige Tage später: »Der gute Graf Beroldingen nahm mich zu einem Picknick auf die Gaisburg mit, einem sehr schönen Berggarten. Cotta gewährt die reichste Unterhaltung bis sogar in die Philosophie hinein. Der Professor Reinbeck hat bei seinem Ehrenwort mich auf immer zur Hausmannskost an seinen Tisch geladen. Gesund bin ich, aber das ewige Herumtrinken verwüstet doch am Ende.«

Merinken (Baisers)

5 Eiweiß
235 g Puderzucker
2 TL Zitronensaft
1/8 l süße Sahne für Schlagsahne

Man schlägt das Eiweiß sehr steif und zieht unter weiterem Schlagen den Zucker und den Zitronensaft darunter. Dann gibt man ovale, ca. 6 cm lange Formen auf ein Backblech, das mit Alufolie belegt ist. Die Formen werden bei leichter Hitze im Ofen ca. 1¼ Stunden lang ausgetrocknet.
Man setzt dann jeweils zwei Formen mit den Böden zusammen und gibt Schlagsahne dazwischen.

Martha Heim, Ravensburg

Gsälz und Liköre

Gsälz bedeutete ursprünglich etwas Gesälztes oder Gesalzenes. Und kein Schwabe kann so recht erklären, warum das ausgerechnet Marmelade sein soll, ebbes mit Zugger. Man vermutet, daß es zunächst ein gesalzenes Müsle war, das man sich aufs Brot strich, oder eine Art Sülze: Gesülz. Das würde durchaus zum Schwaben passen, daß aus dem gesalzenen Müsle mit der Zeit ein süßes Müsle wurde, oder mal ein gesalzenes, mal ein süßes; oder daß aus der gesalzenen Sülze, vielleicht in Not- oder Kriegszeiten, ersatzweise eine Obstsülze wurde, und der Schwabe hat einfach vergessen, das umzubenennen.

Warum auch, wenn's schmeckt. Der schwäbische Zeitbegriff ist sehr gedehnt. Es gibt Schwaben, die schreiben sich alle zehn Jahre mal einen Brief, oder sie sehen sich 40 Jahre lang nicht, ohne dabei sentimental zu werden: »So, gucksch au mol wieder rei.« Und dann schweigen sie zusammen.
Gsälz kann man nicht kaufen, Gsälz muß man selber machen. Wenn Gsälz gekocht wird, riecht es wundersam heimelig, ähnlich, wie wenn Weihnachtsgutsle gebacken werden. Dann ist die Küche, selbst im Hochhaus, ein Unterschlupf an Wärme und Wohlgeruch. Gsälz kochen ist inzwischen wieder Mode geworden, seitdem man beim Bauern auf dem Feld Prästlinge, Brestlinge oder Erdbeeren selber pflücken, selber brocken darf. Und seit man sich Obstbäume mieten kann, mitsamt der Ernte: Kirschen, Zwetschgen, Birnen, Äpfel.
Es gibt Gsälz von Quitten, Träuble, Himbeeren, Heidelbeeren, schwarzen Johannisbeeren, von Holder und Wacholder. Mit dem Gsälzbrot sind Generationen von Schwabenkindern aufgewachsen. Man nahm es mit zum Spielen auf die Gasse, oder man ließ es sich eingewickelt aus dem Fenster schmeißen. Es war das Vesper für Buben und Mädle. Wenn einer Torwart war, lag es neben dem Tor. Es mußte eine breite Scheibe sein vom Brotlaib, die sich zusammenklappen ließ. Wenn man draufdrückte, quoll seitlich das Gsälz heraus, es wurde abgeleckt, das gehörte mit zum Zeremoniell. Wir haben als Schulbuben oft belegte Brote weggeworfen oder in Briefkästen gesteckt, meist Wurstbrote, aber ein Gsälzbrot nie.
Wenn ein Schwabe im Stehen frühstückt, weil er keine Zeit hat, dann darf es Marmelade sein. Wenn er es sich leisten kann, im Sitzen zu frühstücken, dann sollte es Gsälz sein. Es ist tropfiger als Marmelade.
Es gibt prominente Schwaben, die nehmen sich ihr Gsälzhäfele mit in den Urlaub. Die erste Mahlzeit auf die Faust ist dann ein Gsälzbrot, noch ehe die Koffer ausgepackt sind, sei es in Schweden oder auf einer griechischen Insel, in Irland, in Italien, wo auch immer. Es dient zur Überbrückung.

Und Liköre: no ja, sie kommen in Fischers siebenbändigem »Schwäbischen Wörterbuch« mit keiner Zeile vor. Der Mann trinkt in der Regel keinen Likör. Vielleicht der Herr Pfarrer. Es sind eher Geheimrezepte der Schwäbinnen. Enthaltsam und gläslesweise.
Aber: es gibt auch schwäbische Liköre.

Die 4 nachstehenden Rezepte sind auf Seite 161 abgebildet.

Zwetschgengsälz

Rechtzeitige, ausgekernte Zwetschgen läßt man in einer Kachel* erst zusammenfallen und dann erst richtig kochen. Man verrührt sie hierauf tüchtig, treibt sie durch einen Seiher**, läßt sie vorsichtig recht dick einkochen, gibt gestoßenen Zimt, Nägele*** und kleingeschnittene Pomeranzenschale hinein und rührt sie mit einem hölzenen Löffel fleißig um.

* Pfanne mit hohem Rand
** Sieb
*** Nelken

Else Schwenger, Schorndorf

Dreierlei Gsälz

Ausgesteinte Kirschen, Träuble* und Himbeeren werden je nach Reifwerden der Früchte jedes für sich eingekocht. Zu einem Pfund nimmt man ³/₄ Pfund Zucker, in einem Viertelliter Wasser aufgelöst. Bei der letzten Frucht nimmt man die beiden vorher fertiggestellten Marmeladen mit in den Topf und läßt alles zusammen unter fortwährendem Umrühren mit silbernem Löffel einige Male aufkochen.

* Johannisbeeren

Traudel Steinknecht, Ditzingen

Birnengsälz

Gut ausgereifte, harte Birnen werden geschält, das Steinige ausgeschnitten. Aus dem fleischigen Teil werden ganz dünne Schnitze gemacht. Diese siedet man in gutem, süßem Obstmost, schäumt sie öfters ab und kocht sie so lange darin, bis sie weich sind. Fängt die Masse an, dick zu werden, würzt man sie mit etwas Zimt, Nelken und Zitronenschale und läßt sie erkalten.
Die erkaltete Masse füllt man in einen steinernen Topf, tränkt ein weißes Papier in Kirschengeist und bindet es darüber. An einem kühlen Ort wird das Gsälz aufbewahrt. Wenn man keinen süßen Most zur Verfügung hat, nimmt man vergorenen Most oder Wein mit Wasser und kocht die Masse mit 250 g Zucker und je 500 g Birnen ein.

Edith Guth, Murrhardt

Hägenmark

Die Hagebutten werden mit etwas Weißwein angefeuchtet, eine Woche in den Keller gestellt, bis sie weich sind, dann durch ein Haarsieb gestrichen.
Auf ein Pfund Mark wird ein Pfund Zucker und schwach ¼ l Wasser geläutert. Etwas abgekühlt, gibt man das Mark in den Zuckersaft und läßt es unter beständigem Rühren zum Kochen kommen. In einer Steinschüssel wird das Mark fast kalt gerührt, in Steintöpfe gefüllt und erkaltet zugebunden.

Helga Kleinbrahm, Vaihingen/Enz

Der Scherg nimmt 7 Bullenbeißer mit, steigt hinab, Jagd auf die unglücklichen Schwaben zu machen, und nimmt das Häuflein fest.

Reife Tomaten als Scheiben eingelegt

6 Tassen Tomatenscheiben von geschälten Tomaten
1 Tasse Selleriestückchen
4 EL rote Pfefferstreifen
4 EL geschnittene Zwiebeln
4 EL Salz
6 EL Zucker
6 EL Senfkörner
etwas Nelken
Zimt
1 TL geriebene Nüsse
2 Tassen Weinessig

Die Zutaten nach der angegebenen Reihenfolge vermengen. In einen Steintopf füllen und verschließen. Vor Verwendung mindestens eine Woche stehen lassen. Kühl aufbewahrt, halten sie ein Jahr.

Jutta Rudershausen, Reutlingen

Theodor Heuss: »Man muß aus einer schwäbischen Weingegend stammen, um die ganze Kette der Empfindungen zu begreifen, die jeden rechten Mann, Bürger, Handwerker, Beamten, Fabrikanten mit dem Weinbau verbindet. Es gibt noch beglückte Städte, wo der Besitz eines Weinberges mit einer gastlichen Terrasse ein Stück gesellschaftlicher Notwendigkeit und behaglicher Repräsentation ist, wie woanders ein Automobil oder eine Yacht oder sonst was. Da hängt der Mensch an einem Stück gepflegten Erdreichs, und alle schenken ihm Mitsorge und Mitfreude.«

Eingemachte Preiselbeeren

Auf fünf Liter verlesene und gut gewaschene Preiselbeeren stellt man über Nacht 1 l Wasser. Morgens gibt man vier Pfund Zucker dazu und läßt die Beeren mit dem Wasser so lange kochen, bis die Beeren etwas weich sind. Vom Feuer genommen, muß die Masse so gerührt werden, bis sie kalt ist, damit die Beeren sich wieder füllen. In Gläser füllen. Die Beeren liegen dann in Gelee.

Klara Boecking, Sindelfingen

Süßsaure Zwetschgen

4 kg Zwetschgen
1¼ kg Zucker
1 l Weinessig
1 Stange Zimt
5—6 Nelken

Schöne Zwetschgen sauber waschen. Die Stiele abreißen und die Früchte mehrmals mit einer Nadel durchstechen. Den Zucker mit Essig und Gewürzen aufkochen. Kalt werden lassen und über die Zwetschgen gießen; über Nacht stehen lassen. Nun den Saft von den Zwetschgen abgießen und unter mehrmaligem Abschäumen aufkochen. Den lauwarmen Saft erneut über die Zwetschgen geben und wiederum über Nacht stehen lassen. Am nächsten Tag alles zusammen nochmals aufkochen, nach 5 Minuten die Zwetschgen herausnehmen und den Saft noch etwas einkochen. Wenn alles abgekühlt ist, Saft und Zwetschgen in Steintöpfe füllen und die Töpfe mit Pergamentpapier zubinden.

Maria Heß, Winnenden

Um den beizenden Rauch nicht im Haus zu haben, rösteten die Schorndorfer früher ihre Kaffeebohnen auf dem Marktplatz.

Quittenspeck

Quitten waschen, abreiben und in kleine Stücke schneiden. Steiniges evtl. ausschneiden.
⅓ der Menge mit Wasser auffüllen und weich kochen. Dann alles mischen und mit Zucker dick kochen, ca. 30 Minuten. Zu 500 g Mark nimmt man 400 g Zucker oder 200 g Fruchtzucker. Dann etwas abkühlen lassen und auf ein feuchtes Holzbrett schütten, glattstreichen und einige Tage stehenlassen. Wenn die Masse abgetrocknet ist, kleine Rauten schneiden oder Formen ausstechen und nach Belieben in Zucker wenden.

Brigitte Mayer, Winnenden

Holunderblütensaft

2 l Wasser
15 Dolden Blüten
2 kg Zucker
50 g Zitronensäure

Das Wasser abkochen, in lauwarmem Zustand mit den übrigen Zutaten vermischen, öfters mal durchrühren, nach 24 Stunden durchsieben und in gut verschließbare Flaschen abfüllen. Das Getränk mit Sprudel vermischen. Auch zum Süßen von Tee und Süßspeisen sehr gut geeignet.

Elsbeth Schmidt, Schorndorf

Holderwein

*1 kg Holderbeeren**
8 l Wasser
5 Pfund Zucker
2 Würfel Hefe
1 Zitrone

Holderbeeren brühen, abseihen** und ausdrücken oder mit dem Entsafter ausschleudern.
8 Liter Wasser heiß dazugeben, abkühlen lassen, den Zukker dazugeben, und wenn noch lauwarm, die Hefe und die Zitrone. Im Glasballon 5—8 Wochen in der Wärme stehenlassen. Dann auf Flaschen abfüllen.

* Holunderbeern
** passieren

Ruth Hermann, Stetten

Schnitz und Ahwerk

500 g Dörrobst gemischt
15 g Butter
1 EL Mehl
100 g Zucker
1 Glas Most
1 l Milch
250 g Grieß
1 Prise Salz

Dörrobst in 1 l Wasser kochen, eine Mehlschwitze machen, Zucker mitbräunen, mit Most und Saft von gekochtem Dörrobst ablöschen und mit allem zusammen kurz aufkochen.
Von Milch, Grieß und Salz einen dicken Brei kochen. Schichtweise in einer Schüssel anrichten, beginnend mit Dörrobst.

Marianne Klenk, Murrhardt

Brombeerlikör

2 l zerdrückte Brombeeren
½ kg Zucker
1 l Wasser
1 Tasse Pfefferminztee
1 Päckchen Zimt
1 Päckchen ganze Nelken

Man verrührt die Zutaten und läßt sie drei Tage ziehen. Dann preßt man alles gut aus.
Man läßt die erkaltete Flüssigkeit eine Viertelstunde kochen und dann wieder erkalten. Zum Schluß gießt man ¾ l Schnaps dazu und seiht* in Flaschen.

* füllt durch ein Sieb

Lore Nebes, Weil der Stadt

Johannisbeerlikör

⅔ rote und ⅓ schwarze Johannisbeeren werden zerquetscht. Zu 1 kg Beeren werden 1 l Weingeist und 4 Nelken genommen und dies drei bis vier Wochen in einer Korbflasche in die Sonne gestellt.
Wenn der Alkohol nicht mehr so stark hervorschmeckt, durch einen Filtriersack gießen, den Überrest auspressen und auch filtrieren. Auf je einen Liter Saft werden 450 g Zucker in destilliertem Wasser aufgelöst und mit ein wenig Vanille-Essenz zum Saft gegeben.

Maria Göbel, Winnenden

»Wer net trinke mag, der isch bloß z' faul zom Schlucke.«

Selbstverteidigung der Viertelesschlotzer

Recherchen und Quellen

Hermann Fischer: Schwäbisches Wörterbuch (1904–1936), Verlag Laupp'sche Buchhandlung Tübingen • Stuttgarter Kochverein • Königreich Württemberg, Kohlhammer Verlag Stuttgart, 1884 • Albrecht Keller: Die Schwaben in der Geschichte des Volkshumors, Bielefeld Verlag Freiburg, 1907 • Franz Georg Brustgi: Sagen und Schwänke vom Neckar- und Unterland, Rosgarten Verlag Konstanz • Gotthilf Kleemann: Schloß Solitude, Ernst Klett Verlag Stuttgart • Karl Lerch: Spätzlebrevier, Schlichtenmeyer Verlag Tübingen • Theodor Heuss: Bei Gelegenheit, Rainer Wunderlich Verlag Tübingen • Jakob Wendehals, Babette Knöpfle: Schwabenspiegeleien, Eugen Salzer Verlag Heilbronn • Hugo Moser: Schwäbischer Volkshumor, Kohlhammer Verlag Stuttgart • Eugen Herwig: Weinland Württemberg, Südwestdeutsche Verlagsanstalt Mannheim • Hermann Missenharter: Herzöge, Bürger, Könige, Steinkopf Verlag Stuttgart • Hermann Freudenberger: Schwabenreport, Theiss Verlag Stuttgart • Ludwig Reiners: Der ewige Brunnen, Verlag C. H. Beck München • August Lämmle: Die Reise ins Schwabenland • August Lämmle: Das ist mein Land, Stieglitz Verlag Mühlacker • Anneliese Schuholz: Schwäbische Spezialitäten • Thaddäus Troll: Deutschland deine Schwaben, Hoffmann und Campe Hamburg • Katinka und Hermann Mostar: Was gleich nach der Liebe kommt, Rowohlt Verlag Hamburg • Warum sind die Schwaben anders, Thaddäus Troll?, Ehrenwirth Verlag München • Kochkunst und Tafelwesen, Illustrierte Halbmonatsschrift, Jahrgänge 1900 bis 1914 • Escoffier: Le Guide Culinaire, Frankfurt 1904 • Blüher: Meisterwerk der Speisen und Getränke, Leipzig 1898 • Leserinnen und Leser der Stuttgarter Nachrichten • Sebastian Blau: Ob denn die Schwaben nicht auch Leut wären, Rainer Wunderlich Verlag Tübingen • Hedl Salzer: Aus schwäbischen Küchen, Heimeran München • Kolb/Lidel: D' schwäbisch' Kuch, Allgäuer Zeitungsverlag Kempten.

Verzeichnis der Einsender von Familienrezepten

Rezeptregister nach Sachgruppen

SUPPEN

FLEISCH UND WILD

INNEREIEN

KUCHEN, KÜCHLE, GUTSLE UND NACHTISCH

GSÄLZ UND LIKÖRE

Alphabetisches Register